*

BUZZ

Publisher ANDERSON CAVALCANTE
Editora SIMONE PAULINO
Projeto gráfico ESTÚDIO GRIFO
Assistentes de design LAIS IKOMA, NATHALIA NAVARRO
Revisão DIEGO FRANCO GONÇALES

Dados Internacionais de Catalogação na Publicação (CIP)
de acordo com o ISBD

Cavalcante, Anderson; Perissé, Gabriel
A Oração de São Francisco /
Anderson Cavalcante, Gabriel Perissé
São Paulo: Buzz Editora, 2018.
208 pp.

ISBN 978-85-93156-75-5

1. Religião 2. Oração 3. São Francisco
I. Perissé, Gabriel II. Título

CDU-2 CDD-200

Elaborado por Vagner Rodolfo da Silva CRB-8/9410

Índices para catálogo sistemático:
1. Religião 200
2. Religião 2

Buzz Editora Ltda.
Av. Paulista, 726 – mezanino
CEP: 01310-100 São Paulo, SP

[55 11] 4171 2317
[55 11] 4171 2318
contato@buzzeditora.com.br
www.buzzeditora.com.br

A Oração de São Francisco

*

Anderson Cavalcante
Gabriel Perissé

PREFÁCIO

Este livro – *A Oração de São Francisco* – possui uma singularidade. Não vem de teólogos profissionais, mas de pessoas que se inscrevem nas áreas ditas impropriamente "seculares", da administração e da pedagogia. Mas fazem reflexões de grande pertinência sobre a famosa Oração de São Francisco.

Curiosamente, quando acontecem encontros ecumênicos com a presença de religiosos não cristãos, é essa oração que vem recitada por todos. Seu conteúdo é tão humano e espiritual que todos com ela se identificam e podem dizer no final "Amém."

Cavalcante e Perissé comentam cada verso da oração numa linguagem que todos podem entender, sem o vezo teológico que geralmente caracteriza este tipo de comentário. Aplicam seus conteúdos à vida presente, sempre contraditória, mas iluminada pela positividade que vem desta oração.

Ao lado de cada verso, recolhem tópicos da vida de São Francisco que servem de contexto ou de ilustração do conteúdo da oração.

Nesta oração do Seráfico de Assis, aparece o que é tipicamente cristão e que não se encontra nas demais formulações da Lei Áurea: "faça ao outro o que queres que te façam a ti", ou de forma negativa: "não faças ao outro o que não queres que te façam a ti".

A partir da experiência de Jesus, e bem recolhida por São Francisco, aparece algo surpreendente: o "mais". Ame o outro mais que a ti mesmo. Por isso canta São Francisco: que eu procure mais consolar que ser consolado, mais compreender que ser compreendido e mais amar que ser amado.

Esse "mais" constitui a singularidade do Cristianismo e é vivida concretamente pelo homem de Assis, chamado de "Primeiro" depois do "Único" (Jesus Cristo).

Num tempo de guerras, discriminações, exclusões e fundamentalismos, e até de ódio generalizado, este livro poderá contribuir com sábias reflexões para superar este drama que está flagelando a humanidade.

A mensagem do Nazareno e de seu maior seguidor, Francisco de Assis, poderá ser fonte de inspiração e de paz.

Leonardo Boff
Petrópolis, maio de 2018

Uma mensagem de paz

Dois Franciscos

O surgimento de um novo papa em 2013, com uma proposta de vida essencialmente evangélica, provocou reações positivas em todo o mundo, inclusive no Brasil. Sente-se a esperança de uma renovação espiritual dentro e fora da Igreja Católica. O nome que o argentino Jorge Bergoglio escolheu para si, Francisco, trouxe à tona a lembrança de São Francisco de Assis, que revolucionou a Europa há 800 anos e se tornou referência para toda pessoa que valoriza o desprendimento, a humildade e o amor universal.

É como se, de repente, dois Franciscos existissem no cenário mundial, unindo tradição e modernidade, e oferecessem para todos nós uma renovada mensagem de paz imprescindível para o nosso tempo, no qual a guerra, a violência e o desamor se alastram ante nossos olhos.

Francisco de Assis queria seguir o exemplo de Jesus Cristo de um modo absoluto, em todos os aspectos. Um de seus gestos, nesse sentido, era aproximar-se das pessoas desejando-lhes a paz. Foi com essa mesma palavra que Jesus, depois da Ressurreição, se apresentou aos seus discípulos, que haviam se escondido no cenáculo com medo do que lhes poderia acontecer. E o Papa Francisco, numa de suas reflexões, definiu a paz cristã como "paz inquieta", que nos impulsiona a tomar iniciativas a favor de um mundo onde as pessoas se sintam acolhidas e respeitadas.

Dois autores

A vida é a arte do encontro. O livro que você tem em mãos surgiu do encontro de dois seres humanos que trilham seus próprios caminhos. Dois autores que partilham pensamentos e propósitos semelhantes. Duas almas que têm sede da sabedoria de São Francisco. Exatamente como você.

Não nos unimos para ensinar, mas para buscar. Porque acreditamos que a nossa trajetória, tal como a de todo mundo, é um processo em curso. A vida não é uma sucessão cronológica de acontecimentos, mas uma prática em busca do Eterno.

Numa conversa a respeito de vários temas, partilhando planos profissionais, rindo de certos percalços e temendo por outros que estão por vir, refletindo sobre a vida em geral e sobre os últimos acontecimentos que têm agitado o dia a dia da humanidade, nós dois descobrimos um interesse comum pela Oração de São Francisco.

Foi assim que surgiu a ideia de escrevermos um livro em conjunto, com o intuito de compreender os princípios fundamentais dessa oração inspiradora e partilhá-los com você. Trata-se, antes de tudo, de um convite para sonharmos, juntos, com um mundo melhor.

Escrevendo e revisando a quatro mãos, enfrentamos toda a sorte de obstáculos; aprendemos a superar vaidades autorais e deixar aflorar na escrita "apenas" ideias e valores. Mais do que um estilo comum para esta obra, descobrimos, na prática, como se pode encontrar, num trabalho tão individual que é o de escrever, uma oportunidade única para fortalecer os laços de amizade e a admiração mútua.

O resultado desse encontro está nas páginas que se seguem, e foi construído, linha a linha, com a vontade firme de seguirmos a inspiração maior deixada por São Francisco de Assis. Nosso coração está verdadeiramente em festa, porque o terceiro elo dessa arquitetura espiritual finalmente veio unir-se a nós: você, amigo leitor.

Rezar e agir pela paz

Na sociedade conturbada em que vivemos, sentimos medos de todos os tipos. Temos medo de ser substituídos e descartados como objetos obsoletos. Não nos sentimos seguros com relação ao futuro, daí a importância de promover a paz.

Neste livro, cada frase da Oração de São Francisco foi analisada tendo em vista o mundo contemporâneo, cujas preocupações e ansiedades sentimos dentro de nós e ao nosso redor. Procuramos mostrar aqui que é possível sair da apatia e transformar a nossa realidade. Além de rezar, é possível agir em prol de um mundo mais humano.

A essência da Oração de São Francisco, que é também um poema, está na tomada de atitude. Onde houver dúvida, a pessoa deve levar a fé. Onde houver erro, a verdade. Esta prece não admite o conformismo. Quem deseja a paz interior precisa sair de si mesmo e levá-la aos outros.

Em contraste com a enxurrada de informações que recebemos e mal conseguimos ler e assimilar, esta oração insiste em apenas um ideal: é dando que se recebe. Quem quiser buscar o bem somente para si não o encontrará nem mesmo entre aqueles de quem gosta. Mas quem se preocupar em difundir a paz e outros valores positivos será recompensado, já nesta vida, por esses mesmos bens. A oração reflete uma passagem decisiva do Evangelho: "Pois quem quiser salvar sua vida a perderá; mas quem perder sua vida por causa de mim e do Evangelho, a salvará" (Marcos 8: 35).

É nesta simplicidade exigente que reside a força maior desta oração. Por isso a mensagem dela pode ser facilmente compreendida. Ao mesmo tempo, basta uma leitura mais atenta para perceber que é também esta simplicidade o que mais nos desafia. Temos de simplificar a nossa alma para alcançar a paz. Precisamos nos despojar dos excessos para atingir o essencial da vida.

A estrutura do livro

Uma oração simples e profunda requer o mesmo espírito de análise. Procuramos seguir os passos dos dois Franciscos, os do santo medieval que se fez pobre para enriquecer seus semelhantes e os do sumo pontífice que acredita na máxima de seu antecessor, Bento XVI, que escreveu: "Servir é reinar." Nosso intento foi mostrar que cada verso da oração questiona a nossa conduta e nos propõe uma renovação interior. Essa renovação transformará o nosso comportamento, que por sua vez influenciará as pessoas com quem convivemos.

A ênfase é sempre nos aspectos construtivos da vida. Uma luta negativa já é o começo da derrota. O Cristianismo sabe identificar o mal com precisão, mas não se deixa aprisionar por ele. O moralismo é fixado no pecado, mas sua preocupação excessiva em recriminar termina por impedir o acesso aos bens espirituais. A paz interior tem início numa visão positiva da vida, em que os erros, as trevas e o ódio tornam-se degraus para uma ascensão em busca das coisas do Alto.

Embora a Oração de São Francisco possa não ter sido criada por ele, como explicamos mais adiante neste livro, é perfeitamente possível que a tivesse escrito. Na verdade, a biografia de Francisco é o retrato vivo de tudo aquilo que está na oração.

Por isso, ao final de cada capítulo, incluímos uma breve passagem da vida do santo de Assis, que ilustra e resume o tema específico ali abordado. Em todas elas, porém, seja uma história relativa ao perdão ou à compaixão, à concórdia ou à generosidade, nota-se que o objetivo maior de Francisco era sempre tornar-se instrumento de Deus na Terra, um instrumento da paz.

Uma mudança de vida

Vivendo em uma época de apreensões e receios, em que sentimos com tanta urgência a necessidade da paz, também precisamos realizar uma mudança de vida. Esta mudança não tem a ver com nenhum tipo de proselitismo estritamente religioso. A Oração de São Francisco nos convida a realizar uma conversão existencial, sejamos cristãos ou não, frequentemos ou não alguma igreja. O seu espírito é ecumênico. Toda pessoa de boa vontade haverá de reconhecer em suas palavras verdades profundas e libertadoras, sem rótulos nem prazos de validade.

Um dos maiores obstáculos para a realização da paz é a desunião entre pessoas que têm a mesma religião ou que, mesmo aderindo a credos religiosos diferentes, possuem em comum alguns pontos que seriam suficientes para que se respeitassem.

Para não ir muito longe, todos aqueles que acreditam num Criador do Universo deveriam se sentir irmãos.

A paz é um bem universal e por isso deve ser construída por todos nós, em nome de valores que estão presentes neste livro. Se cada pessoa, ao ler a Oração de São Francisco, decidisse colocar em prática o que seu conteúdo propõe, assistiríamos a uma revolução inusitada. Essa revolução, na verdade, começou faz vinte séculos. Jesus Cristo foi e continua sendo a inspiração maior de milhões de mulheres e homens que, antes de acusarem os outros, preferem arregaçar as mangas e lutar por uma cultura do amor.

Você, leitor, tem em mãos um roteiro para implantar a paz em seu coração e, a partir dessa vitória, contribuir para que nossa época seja não apenas diferente de tudo o que se viu na história até hoje, mas também um tempo de verdadeira paz.

Anderson Cavalcante
e Gabriel Perissé

I

A história e o sentido da Oração de São Francisco de Assis

A inspiração franciscana

Todos nós já ouvimos falar de São Francisco de Assis. Exemplo supremo de fraternidade, singeleza e simplicidade. Protetor da natureza. Semeador da paz. Fonte que irradia amor. Um homem de Deus. Mas será que o conhecemos de fato? Entendemos a profundidade de suas palavras? Conseguimos vislumbrar o ponto mais alto de sua sabedoria?

Presenciamos um momento singular na história. Nunca os ensinamentos de São Francisco foram tão buscados como agora. Não por acaso, o Santo Padre da Igreja Católica escolheu ser nomeado Francisco, como aquele que compreendeu como nenhum outro santo o Deus que veio ao mundo, pobre, para nos libertar de nossas misérias e, sem titubear, pautou sua vida pela celebração da fé.

A experiência de São Francisco é única, porque não se baseia em leis filosóficas ou teológicas, mas na vida. A vida que vem de Deus. O que ele pregou sempre foi e sempre será uma mensagem vivida. Francisco colocou em prática, como poucos, os mais belos ensinamentos do Evangelho. Sua identificação com Jesus Cristo foi tão grande que ele aparece na história da Igreja como um dos maiores modelos do autêntico cristão. Não por acaso São Francisco já foi chamado "o Primeiro depois do Único", ou seja, entre os discípulos de Cristo, ele foi um dos que mais se aproximaram do Mestre.

Mas Francisco não se tornou apenas modelo de virtude e santidade para os católicos, que veem nele um seguidor exemplar de Jesus. Sua conduta e suas palavras impressionaram também os seguidores do Islã que o conheceram naquele tempo. E, de lá para cá, milhões de pessoas de diferentes religiões encontraram nele um exemplo formidável de generosidade, desprendimento, coragem, humildade, fraternidade e alegria.

A mensagem de Francisco é de uma simplicidade a toda prova. O que ele nos mostra com sua vida é que precisamos nos dedicar somente ao estritamente necessário. E "uma só coisa é necessária", como disse certa vez o próprio Cristo a uma de suas discípulas. Dando prioridade para o necessário, tudo o que nos deixa ansiosos e tensos acaba sendo abandonado no caminho.

O necessário nesta vida é encontrar-se com a maior de todas as riquezas, que pode ser traduzida pela palavra AMOR – palavra tantas vezes mal-usada, e que pensadores e místicos de todos os tempos identificam com a divindade: Deus é amor. A conclusão disso é que o amor é a única coisa pela qual vale a pena viver e morrer.

Sendo um homem que amava a Deus e, em nome desse amor, amava todas as criaturas, a biografia e os escritos de Francisco convergem para apenas um conselho: se você quer ser feliz, na sua vida e depois da morte, cultive uma relação amorosa e terna com tudo o que existe. Mais ainda: não se deixe abater perante as adversidades, e saiba levar o perdão onde houver ofensa, a fé onde houver dúvida e a união onde houver discórdia.

Uma vida dedicada a amar

Francisco nasceu em plena Idade Média (em 1181 ou 1182), mas, na verdade, é contemporâneo de todos os que vieram depois dele, inclusive você, que agora lê este livro. São

Francisco se fez presente ao longo dos séculos. Temos a nítida impressão de que esse homem iluminado está aqui, ao nosso lado, falando sobre temas que nos preocupam em nosso dia a dia.

Ele nasceu em Assis, cidade localizada na Úmbria (região da Itália central), numa família abastada. Embora sua mãe quisesse dar-lhe o nome de Giovanni (João, em português), com o qual foi batizado, seu pai, Pietro di Bernardone, o apelidou de Francesco (Francisco), isto é, "francês", por admiração ao país que lhe rendera bons negócios. O epíteto pegou e, ao longo dos últimos 800 anos, graças ao santo de Assis, tornou-se um dos nomes mais populares do mundo. Hoje, é o segundo nome mais comum na Itália, depois de Giuseppe (José).

Pietro di Bernardone enriqueceu graças ao seu tino comercial no ramo de tecidos (e também por uma provável atividade como agiota), e era compreensível que visse no filho o herdeiro de sua capacidade de negociar e enriquecer. Todavia, Francisco alimentava sonhos quixotescos. Mais do que um burguês bem-sucedido, desejava ser herói. Imaginava-se em lutas e aventuras que lhe dariam prestígio, e foi o que tentou conquistar a partir de seus 17 anos de idade, lançando-se numa batalha que lhe rendeu um ano em cárceres inimigos.

Um ano de cadeia deixou Francisco adoentado e mais reflexivo. Não renunciou ao sonho de se tornar cavaleiro, mas dentro dele começava a crescer uma profunda inquietação espiritual, que em breve o levaria à conversão. Nem comerciante sagaz, nem paladino da justiça, Francisco se sentia chamado a outro estilo de vida. Aos poucos, foi abrindo os olhos para os pobres e necessitados. Quando não estava trabalhando na loja do pai, fazia longos passeios solitários – andava a esmo, aturdido, meditando e rezando. Mas não sabia que caminho seguir.

Certo dia, no ano de 1206, cavalgando sozinho pelas redondezas de Assis, deparou com um hanseniano. Como acontecia nos tempos de Cristo, no Oriente, os leprosos na Europa medieval eram vistos como pecadores disformes e incuráveis, seres que deveriam manter-se afastados da sociedade. Francisco desceu do cavalo, aproximou-se daquele homem coberto de feridas, entregou-lhe dinheiro, deu-lhe um abraço e o beijou. Ao realizar esse gesto de misericórdia, sua vida deu uma guinada para o Alto!

Mas isso foi apenas o começo. Ao fazer suas orações diante de um crucifixo, numa igrejinha caindo aos pedaços, ouviu Jesus lhe dizer: "Francisco, não vês que minha casa está desmoronando? Vai e reconstrói a minha Igreja!" Animado com esse pedido, vendeu seu cavalo e outros bens para conseguir o dinheiro necessário e promover a reconstrução daquela igreja. Não havia entendido ainda que era a própria Igreja, a instituição, que ele deveria restaurar. Uma Igreja que, na época, atravessava uma grave crise de valores, perigosamente fascinada pelo poder e pela riqueza material.

Francisco passou a se dedicar a longas orações e rigorosos jejuns. Afastou-se da cidade, do trabalho na tecelagem e do pai (seu patrão), que decidiu deserdá-lo. Não havia mais diálogo entre os dois. Os sonhos de um eram inconciliáveis com os do outro. Francisco estava em busca de bens imateriais e Pietro se enfureceu, pensando em todo o investimento inútil que fizera no filho ingrato.

Sem dinheiro, sem moradia fixa, vestindo uma humilde túnica, com os pés descalços e um cajado na mão, Francisco dava início a uma nova etapa de sua existência, que abriria caminho para uma renovação espiritual na Igreja e no mundo. O moço, que tanto se deleitara com o luxo e os prazeres da vida, passou a se dedicar ao trabalho manual, como pedreiro reconstrutor de igrejas, pedindo comida de porta em porta para sobreviver.

Foi entre os anos de 1208 e 1209 que Francisco finalmente entendeu o teor de sua vocação. A grande luz veio de uma passagem do Evangelho em que os seguidores de Cristo são apresentados como caminhantes desprendidos de tudo. Para anunciar o Reino de Deus, devem ir por todo o mundo, sem possuir propriedades nem dinheiro, dando ao próximo aquilo que gratuitamente receberam, andando apenas com a roupa do corpo e vivendo da hospitalidade alheia.

Em 1209, Francisco e seus primeiros seguidores viajaram até Roma. Foram pedir a aprovação do Papa Inocêncio III para aquele modo de viver o Cristianismo, baseado na pobreza extrema. O papa ficou maravilhado diante daquele grupo e da firmeza com que seu líder se apresentou. Concedeu-lhes a aprovação oficial da Igreja, autorizando Francisco e seus companheiros a pregarem o Evangelho nas igrejas e pelos caminhos do mundo.

Como pregador itinerante, em meio a grandes provações, Francisco viu surgir em si um talento inesperado: a capacidade de falar à multidão. Ele pregava com simplicidade e espontaneidade, usando gestos, mímica, cantos e melodias. O artista e poeta Francisco de Assis cativava seus ouvintes, que já estavam cansados dos sermões vazios, entediantes e incompreensíveis da época.

Francisco inaugurava uma nova forma de atuar dentro da Igreja. Não era como padre nem como monge que ele iria falar em nome de Deus. Não era como um cruzado que iria, pelo duvidoso emprego das armas, defender a fé e os interesses de Roma. Ele era um leigo comum, um andarilho. Não era soldado, nem teólogo profissional, nem autoridade religiosa.

Sua vocação, portanto, era levar a mensagem da salvação e da paz a todos, literalmente, sem qualquer discriminação: crianças e adolescentes, homens e mulheres, padres e religiosas, doutos e ignorantes, pobres e ricos, pessoas saudáveis ou doentes, gente de todas as nações. Francisco não excluía ninguém!

Foi seguindo o exemplo de Jesus – que abriu mão de tudo para enriquecer a humanidade com seu amor incondicional – que Francisco abraçou e beijou a pobreza, a obediência e a castidade. E nesse abraço amoroso descobriu a riqueza que consiste em amar a tudo e a todos.

Um santo para o nosso tempo

Aquele homem de Deus sabia dialogar com todos os seres humanos e também com a natureza. Ele se sentia irmanado com o Sol e a Lua, com a água e o fogo, com todos os elementos e com os animais, compartilhando, e superando em termos espirituais, as nossas preocupações com o meio ambiente.

A prática da fraternidade franciscana, com animais ou com homens, está baseada no desejo de construir a harmonia universal. Francisco era um peregrino da paz. Por onde passava, defendia o perdão como a melhor forma de desarmar os espíritos.

Outra característica de Francisco que o identificava com Jesus e que faz dele um santo para o nosso tempo é o carinho e o respeito que tinha pelas crianças, que precisam ser ouvidas e incentivadas. A festa de Natal que Francisco celebrou numa gruta próxima à cidade italiana de Greccio, em 1223, representando com seres vivos o nascimento do Menino-Deus, foi uma engenhosa ideia para aumentar a devoção cristã e, de modo indireto, valorizar a infância. O Natal, para ele, devia ser uma data celebrada com alegria e simplicidade. O Deus Todo-Poderoso se faz criança necessitada dos cuidados da humanidade. Hoje também necessitamos olhar e proteger as crianças de diversas formas de violência, entre as quais a pedofilia é especialmente odiosa e ainda mais escandalosa quando praticada por sacerdotes da Igreja.

Francisco colocava-se ao lado dos pobres, dos humilhados, dos desassistidos, dos que tinham menos prestígio, e por isso esteve também ao lado das mulheres, cuja dignidade ao longo da história foi (e até hoje é em muitos lugares) desprezada pelos homens e pelas instituições.

A presença de Santa Clara na vida de Francisco é mais um sinal de sua sensibilidade e de seu humanismo. Entre os dois nasceu uma amizade acima de qualquer egoísmo, superando os receios puritanos que fizeram (e ainda fazem) muitos religiosos olharem para a mulher como fonte de tentação e pecado. Francisco, em vez disso, encontrou em Clara uma aliada na grande batalha para transformar a Igreja das trevas numa Igreja de luz. Conheceu-a quando ela tinha 17 anos e ajudou-a a fugir de casa. Assim como Francisco, Clara também rejeitava os planos de seus pais. Não queria casar-se e ter uma vida controlada dentro de casa. Queria se dedicar integralmente a Deus e à humanidade.

Inspirada pelo ideal franciscano, Clara fundou um movimento feminino que até hoje influencia a vida de milhares de pessoas em todo o mundo. Existem cerca de 1.500 mosteiros da Ordem das Clarissas nos cinco continentes. Um ano antes de sua morte, em 1253, Clara assistiu a uma missa celebrada a distância, sem sair do leito em que se encontrava doente. Por isso foi aclamada, em 1958, como a padroeira da televisão.

Até a sua morte, Francisco teve muitas alegrias e decepções. Exigia-se bastante para que seu ideal fosse seguido, e vários dentro da Igreja quiseram diminuir as austeridades e os exageros de Francisco. De fato, o santo de Assis desejava sempre ir às últimas consequências e sonhava receber o martírio. Mas devemos reconhecer que a moderação também faz parte da vida. Francisco aceitou as mudanças, sem que precisasse abrir mão do essencial. O fundador do movimento que ganharia seu nome praticou a santa obediência e a humildade heroica, compreendendo a necessidade de que a Ordem Franciscana fosse integrada às regras da Igreja Católica para não se transformar numa nova seita de fanáticos.

O mérito de Francisco, 1.200 anos depois de Cristo, foi declarar aos próprios cristãos que eles precisavam começar tudo outra vez. Celebrar um novo Natal para todos e para cada um de nós. A história dos primeiros 12 séculos de Cristianismo estava carregada de luzes, mas também de sombras. O poeta de Assis veio dizer que era preciso virar a página da história, pedir perdão a Deus, jogar fora o excesso de bagagem e lançar-se com bravura em direção ao futuro.

Para vencer o desânimo e o desespero, temos que nos esvaziar de nós mesmos, voltar a ser crianças, apreciar a natureza, reaprender a conversar com os bichos e a brincar, cheios de confiança, na casa do Pai. Entre as virtudes de Francisco, uma que sobressaía era a gratidão. Ele agradecia constantemente o milagre da vida, e por isso tinha os olhos abertos para as grandes e pequenas dádivas de Deus.

Morreu aos 45 anos, praticamente cego, no fim de um sábado, 3 de outubro de 1226, cercado de amigos. Pediu que, em seus últimos momentos, fosse deitado, nu, no chão da choupana em que estavam. Queria receber o abraço da irmã Morte Corporal com aquele derradeiro sinal de humildade e despojamento.

A atualidade de uma oração

A Oração de São Francisco que conhecemos veio à luz em Paris, em 1912, numa modesta publicação católica chamada *A sineta*, editada pelo padre Esther Bouquerel. Vinha sob o título: "Bela oração para se fazer durante a missa." Em 1916, o Papa Bento XV julgou oportuno que a oração fosse traduzida para o italiano e divulgada no periódico *L'Osservatore Romano*. Pouco depois, reapareceu num dos jornais de maior circulação na França, o *La Croix*. Mais tarde, a tradução para o inglês acelerou sua popularização.

Por volta de 1920, um frei capuchinho mandou imprimir e distribuir o texto com o título "Oração pela Paz" no verso de uma imagem de São Francisco. Não chegava a lhe atribuir a autoria, mas permitia a associação entre o santo e o poema.

Em 1927, o movimento protestante francês *Os Cavaleiros do Príncipe da Paz*, voltado para a promoção da harmonia entre os povos, difundiu a oração pela Europa, atribuindo-a ao santo de Assis.

Vários estudiosos levantaram a questão da autoria da Oração de São Francisco de Assis, também conhecida como a "Oração da Paz" a partir da década de 1940. Isso não impediu que seu conteúdo se propagasse durante a Segunda Guerra Mundial e depois dela, com traduções para os idiomas alemão, espanhol, russo, polonês etc. A urgência em alcançar a paz deixava de lado a questão da autoria.

Podemos afirmar com tranquilidade que esta oração está vinculada ao legado espiritual que Francisco de Assis deixou para a humanidade e pode ser considerada a expressão dos seus ensinamentos. Cada uma de suas frases está carregada daquela generosidade que lhe valeu um lugar de destaque na história da humanidade.

Francisco era poeta, e também por isso acabou sendo compreensível que muitas pessoas, mesmo com certa cultura, aceitassem que aquela oração tivesse sido composta no século XIII, e não em inícios do século XX.

Seja como for, os versos relembrados e analisados neste livro são úteis para o nosso tempo conturbado, como o seriam, certamente, para os difíceis tempos em que Francisco viveu, ou mesmo para toda e qualquer época em que houve guerras e dúvidas, angústias e medos, desamor e trevas.

Uma última curiosidade a respeito desta prece tão atual é que no texto original em francês havia uma frase que se perdeu nas inúmeras transcrições e traduções. Trata-se do verso "É esquecendo de mim que eu me encontro", que ficava entre "Pois é dando que se recebe" e "É perdoando que se é perdoado." Esta frase, aqui resgatada, propõe também uma rápida reflexão. O fato de ter sido omitida faz pensar em como a mensagem cristã precisa ser praticada por todos aqueles que acreditam em sua força renovadora. Esquecer-se de si mesmo não é anular-se. Na lógica do Cristianismo, que foi aquela adotada por São Francisco de modo pleno, o mundo só viverá em paz consigo mesmo e com Deus quando fizer o caminho oposto ao do egoísmo.

Como dizia o profeta Isaías, sonhando com o futuro, as pessoas um dia "devem fundir suas espadas, para fazer bicos de arado, fundir as lanças, para delas fazer foices. Nenhuma nação pegará em armas contra a outra e nunca mais se treinarão para a guerra" (Isaías 2: 4).

II

Senhor, fazei-me instrumento de Vossa paz

Todos nós gostaríamos de conviver em harmonia e manter a paz de espírito, mas nos ambientes que frequentamos isso nem sempre é possível. As diferenças entre as pessoas provocam atritos constantes. E como somos inflexíveis em nossas crenças e opiniões, tudo indica que esses desencontros e choques sempre existirão.

Isso não quer dizer que devamos deixar de pedir que a paz se propague no mundo inteiro. A Oração de São Francisco nos ensina a sonhar e a lutar pela paz. A paz em nossa casa, nas ruas, nas cidades e entre todas as nações. A paz, sobretudo, dentro de cada um de nós.

O que nos falta muitas vezes é manter a serenidade diante das contrariedades e dos obstáculos, semeando a paz com a nossa conduta. Por que você acha que certas pessoas são capazes de permanecer de pé mesmo quando o "mundo desaba" e todos ao seu redor perdem a cabeça? Nada poderá nos abalar se estivermos em sintonia com o Deus da paz.

A serenidade é uma centelha do equilíbrio de Deus que carregamos dentro de nós. Precisamos saber ativá-la.

É isso que significa ser instrumento da paz. Manter uma postura serena e nos converter decididamente ao caminho da conciliação.

Quem alimenta conflitos e antagonismos não cria a paz. Quem acredita que Deus é o único responsável pelas hostilidades que existem entre os homens e o único que pode solucioná-las não assume a responsabilidade pelos próprios atos nem sabe transformar a si mesmo e ao mundo.

De que adianta ter o carro mais potente, as melhores roupas, os aparelhos tecnológicos mais modernos e outros bens de valor, se em algum lugar alguém se sentiu ferido e desvalorizado por algo que você fez ou falou? Não é possível mudar o que já está feito, mas o esforço sincero para mudar de rumo é algo que conta muito diante de Deus. Ele não está preocupado se você é ou não uma "pessoa perfeita", mas sim com seu empenho em melhorar a cada dia.

A vida nos apresenta várias maneiras de corrigir nosso caminho e ir mais longe em nossas buscas. A Oração de São Francisco nos indica que devemos ser um instrumento para a construção de uma realidade melhor para nós e para aqueles que nos rodeiam, seja onde for, em casa ou no trabalho, na escola ou no trânsito, num barzinho com os amigos ou na sala de espera de um hospital.

Sem os seus instrumentos, um médico não conseguirá fazer um bom diagnóstico nem dar o tratamento adequado a seus pacientes. Um engenheiro civil terá muita dificuldade em acompanhar uma obra sem instrumentos de precisão. O mesmo vale para o dentista, o padeiro, o atleta, o policial, o professor e todos os demais profissionais que precisam de meios para realizar seu ofício da forma mais apropriada. Assim como um instrumento se torna parte ou extensão do homem para ele realizar seu ofício, que nós sejamos também uma extensão da mão de Deus, Seus instrumentos para difundir a paz.

Ser instrumento da paz é, seguindo o exemplo de São Francisco de Assis, viver o desafio permanente de nos lançarmos por inteiro em direção àquilo em que acreditamos, não importando se os outros torcem o nariz ou pensam que somos incapazes de prosseguir. Devemos, como Francisco, nos desapegar de tudo aquilo que nos impede de caminhar com liberdade, deixando de lado a preguiça espiritual. Devemos rever nossos relacionamentos, curar as feridas e pedir a Deus, com vontade firme, que sejamos bons instrumentos. Deus garantiu: "Peçam e receberão, busquem e encontrarão." Nenhuma palavra dirigida a Ele ficará sem resposta.

Semeie a paz dentro de você

A busca e a difusão da paz deve ser algo permanente em nossa vida. Mas por onde começar?

A resposta é simples: comece dentro de você.

Mas atenção: esse é o tipo de missão que ninguém irá cumprir em seu lugar. Nem mesmo Jesus Cristo, que foi anunciado por todos os profetas como o Príncipe da Paz. Ele veio e nos libertou de todos os entraves quando morreu na Cruz por nós; agora é a nossa vez de colaborar para a vitória do Reino da Paz.

As respostas são simples, mas não é fácil colocá-las em prática. Acordamos e saímos de casa com uma energia totalmente diferente daquela com que retornamos no fim do dia. Muitos se sentem sugados pelas atividades e preocupações da vida e voltam para casa esgotados, prontos para largar o corpo na cama e dormir. Essa rotina destruidora vai tomando conta de nós, e de repente nos vemos afastados de nossa essência humana.

A paz é um estado de espírito e, portanto, algo que começa no interior de cada pessoa. A nossa essência humana está ligada a Deus, que nos criou à Sua imagem e semelhança. Se você estiver em harmonia consigo mesmo, então conseguirá realizar a experiência da inteireza, que é estar de modo inteiro consigo mesmo e em contato com a fonte original da vida. A partir daí, a paz de Deus começará a se apoderar de seus pensamentos, de sua vontade, de sua consciência, e você se sentirá em condições de irradiar essa paz entre todos aqueles que cruzarem seu caminho.

Mas não pense que, ao estar em contato consigo mesmo, você não terá mais problemas. Terá, sim, e muitos. Eles fazem parte da vida. São a oportunidade para exercitarmos a paz interior. Quando analisamos a história de Jesus Cristo e a de Francisco de Assis, constatamos que, diante de grandes problemas, eles realizaram um exercício de desapego. Abriram mão do luxo, do conforto e de muitos bens materiais; em contrapartida, nunca abandonaram os valores em que acreditavam. Convictos de um propósito maior, jamais permitiram que as críticas ou os convites insidiosos daqueles que estavam entorpecidos pelas falsas riquezas os desviassem da missão de disseminar a paz pelo mundo.

Por isso, não desperdice sua vida buscando aquilo que não corresponde ao seu anseio mais profundo. A vida passa rápido e não devemos perder tempo investindo naquilo que não engrandece a nossa alma.

Viva com inteireza, busque a paz de Deus, e ela brotará dentro de você, contagiando todos à sua volta. A paz é entusiasmante. A palavra "entusiasmo" vem do grego e significa "ter Deus dentro de si". Permita que o Senhor atue em seu íntimo e verá que, faça chuva ou faça sol, esteja o trânsito congestionado ou livre, em situações difíceis ou em momentos promissores, não importa, você estará sempre em paz, porque escolheu ser um instrumento de Deus.

Leve a paz à família

Quando pensamos na necessidade da paz, é comum nos lembrarmos de cenas com pessoas desesperadas em lugares distantes, vítimas de uma guerra, de um terremoto, de qualquer outra tragédia. Talvez nos esqueçamos de que, bem ao nosso lado, dentro de casa ou no trabalho, também há gente precisando de apoio. É humano da nossa parte fazer doações em campanhas de solidariedade e participar de projetos sociais, mas precisamos abrir o coração para quem já está aqui, ao nosso lado.

Se a família é a base de tudo, por que não começar seu trabalho de propagação da paz no ambiente de casa? Por que não se aproximar daquele parente que, em razão de uma pequena desavença, acabou se afastando de todos? Por que não permitir que, aos domingos, seja mais prazeroso desfrutar das conversas geradas pelo reencontro familiar do que simplesmente da comida servida no almoço?

Quando acreditamos em Deus, sabemos que nada acontece por acaso. Você nasceu neste momento histórico para conviver boa parte do seu tempo com essas pessoas e não com outras. A sua missão (difícil, mas não impossível) é encontrar a paz no lugar onde você e elas estão.

Também é um fato que o nosso grau de tolerância com as pessoas mais próximas, com quem temos mais intimidade, é menor do que com as outras. No trabalho, por exemplo, pensamos duas vezes antes de entrar numa discussão e fazer inimigos, mas em casa estamos mais à vontade e, ao menor sinal de invasão do nosso espaço, caímos sobre o intruso como cães raivosos para defender nosso "território".

Para sermos instrumentos da paz precisamos dar um voto de confiança às pessoas, acreditar nelas e admirá-las. Será muito difícil manter um clima de paz dentro de casa se todos, ali, não perceberem as qualidades uns dos outros. Nós temos que dar uma chance às pessoas de nosso convívio, e construir com elas um lar pacífico, no qual ninguém vá dormir com o coração angustiado. Que cada um possa repetir com o salmista: "Em paz, logo que me deito, adormeço, pois só tu, Senhor, me fazes descansar com segurança" (Salmos 4: 9).

Para vivermos em paz em família, precisamos cuidar do nosso relacionamento com todos os membros que a compõem, e isso significa, na prática, contornar as provocações e não irritar os demais. Provocações e irritações podem acontecer, é normal, mas não valem a pena. Pequenas desavenças, ainda que passageiras e sobre questões sem importância, fazem mal a você e a todos. As grandes brigas provocam muita infelicidade! A obrigação primordial de todos os que creem em Deus é cultivar a paz no falar, no agir, nos momentos de maior conflito. Ser a ponte que permite a travessia segura sobre os abismos da vida.

Cultivar a paz, no falar e no agir, não significa camuflar os problemas e fingir que está tudo bem. Para que a união da família seja real e duradoura, precisamos ter a coragem de conversar sobre temas delicados, evitando futuras mágoas e futuros ressentimentos. Para que os familiares não se agridam é necessário que todos juntos ataquem os problemas antes que a paz dentro de casa seja prejudicada.

O diálogo franco é imprescindível. Não se trata de pôr as "cartas na mesa" e sair falando de forma desenfreada, despejando no ouvido do outro críticas e condenações. É preciso criar um espaço de compreensão mútua, em que todos possam falar e escutar, defendendo suas ideias e expondo suas angústias. Somente assim, unida tanto nos momentos tranquilos quanto nos difíceis, a família viverá em paz.

Francisco, instrumento da paz

Certa vez, São Francisco soube que o bispo e o prefeito de Assis estavam com as relações cortadas. Depois de uma ferrenha discussão, o bispo excomungou o prefeito, e este proibiu que os comerciantes do local vendessem suas mercadorias ao prelado.

A situação parecia irreversível, e ninguém se dispunha a mediar esse conflito, que prejudicava o dia a dia da cidade e deixava o povo perplexo. Preocupado, Francisco disse aos seus irmãos: "É uma vergonha para nós que o bispo e o prefeito se odeiem desse jeito e nenhuma pessoa procure interceder a favor da paz e da concórdia."

Francisco, que estava distante da cidade, mandou dois recados por intermédio de seus irmãos frades. Um, ao prefeito, pedindo que fosse ao palácio do bispo. E outro, ao bispo, dizendo-lhe que Deus era louvado toda vez que alguém praticava o perdão. Fez ambos saberem que queria vê-los reconciliados. O prefeito, que muito admirava Francisco, repensou sua atitude e disse: "Eu perdoo, não só ao senhor bispo, e perdoaria até mesmo quem matasse meu irmão ou filho." E o bispo disse ao prefeito: "Pela posição que ocupo, convém que eu seja humilde, mas, como sou inclinado à ira, peço, prefeito, que me perdoe." E os dois se abraçaram e reataram a amizade.

III

Onde houver ódio, que eu leve o amor

O ódio não é o contrário do amor. Se fosse assim, o caminho a percorrer até alcançarmos uma solução seria mais curto. Bastaria virar o ódio pelo avesso. Na verdade, o ódio não dialoga com nenhum sentimento positivo, e se instala em nós e na sociedade quando já não há qualquer vestígio do amor.

Pense nas notícias que lemos todos os dias sobre assassinatos, chacinas, torturas, atentados terroristas em plena luz do dia, tudo isso com a clara intenção de eliminar pessoas e povos da face da Terra. Como classificar atos de violência gratuita como aqueles em que se ateia fogo ao corpo de uma pessoa pelo simples prazer de fazê-la sofrer e lhe infligir uma morte terrível?

É desse ódio que trata a Oração de São Francisco.

Olhando a questão do ódio por esse ângulo, parece difícil neutralizá-lo. Quando chega a tais proporções, como vencê-lo sem que nasça em nós uma outra onda de ódio? Como deter esse sentimento que se alimenta do desejo de vingança, expresso na lei do "olho por olho, dente por dente"?

Mas é justamente neste ponto que reside a força da Oração de São Francisco. Ela nos ensina a concentrar a atenção naquilo que cada um de nós pode fazer assim que surgem os primeiros sinais de ódio: "Que eu leve o amor."

Antes de chegar a estágios extremos e prejudicar milhares de seres humanos, o ódio germina no íntimo de cada pessoa, como uma doença insidiosa cujos sintomas ficam invisíveis por longo tempo. O ódio começa embrionário, pequenino, alimentado por pensamentos e sentimentos mal resolvidos que nos incomodam, tumultuam, inquietam. O ódio corrói o coração pouco a pouco e, como num processo de metástase, vai se expandindo até se tornar incontrolável.

Todos os dias externamos nossas ideias, conversamos, falamos alto, brigamos, e por trás de cada palavra há o que sentimos. E por trás das palavras e dos sentimentos há o que realmente somos... e nem sempre demonstramos quem somos diante dos outros.

Nesse mundo invisível e, ao mesmo tempo, muito concreto, não estamos desamparados. Em nossa vida interior, podemos contar com a mão estendida de Deus, igualmente invisível, porém muito mais poderosa que nossos receios e limitações. Esta mão paterna nos acompanha sempre, e vem nos proteger de todo mal:

> "Senhor, tu me examinas e me conheces, sabes quando me sento e quando me levanto. Penetras de longe meus pensamentos, distingues meu caminho e meu descanso, sabes todas as minhas trilhas. A palavra ainda não chegou à língua e tu, Senhor, já a conheces toda. Por trás e pela frente me envolves e pões sobre mim a tua mão."
> (Salmos 139: 1-5)

Embora não possa ser visto nem tocado, o amor de Deus é capaz de nos curar e transformar. Esse amor escondido faz crescer em nós uma inexplicável certeza de que as respostas emergirão dos mais profundos rincões de nossa alma e nos inundarão de uma inusitada clareza. Deste mundo secreto em que podemos nos encontrar com Deus virão explicações para o inexplicável, encorajamento para a nossa covardia, energias para a nossa fraqueza.

Podemos contar com esta presença carinhosa de Deus. Ele está sempre aqui, para que superemos o mau humor e a irritação, e, em situações mais graves, para que aprendamos a dominar nossos impulsos de raiva e ódio. Ele vem arrancar o joio que quer nascer em nossa alma, impedir ou sanar os nossos equívocos e nos dar forças para vencer todos os obstáculos que nos separam do amor.

Deus está ao nosso lado, e dentro de nós, dizendo em silêncio: "Conte sempre comigo!"

Deixe o amor agir

O maior amor de todos vem de Deus. Aliás, o Deus vivo e verdadeiro é, Ele próprio, Amor, verdade que está no cerne da revelação cristã:

> "Caríssimos, amemo-nos uns aos outros,
> porque o amor vem de Deus e todo aquele que ama
> nasceu de Deus e conhece a Deus. Quem não ama
> não chegou a conhecer a Deus, pois Deus é amor."
> (I João 4: 7-8)

Os dois mandamentos com que Jesus resumiu sua doutrina ("Amar a Deus sobre todas as coisas" e "Amar ao próximo como a si mesmo") são condições fundamentais para que sejamos felizes, nesta vida e na vida futura. Jesus provou com seus atos que o amor é a grande força espiritual, acolhendo todas as pessoas sem discriminação, perdoando aqueles que o traíram, não se vingando daqueles que o crucificaram e, por fim, vencendo a morte.

Por meio do amor, acessamos verdades esquecidas e outras inteiramente novas. Damos um passo em direção a

Deus, nosso destino maior. O fogo do amor nos dá ânimo quando nos sentimos frios e já estamos quase desistindo de tudo. O poder do amor nos dá coragem quando nos vemos ameaçados por todo tipo de armadilhas. Graças ao amor, nós nos tornamos pessoas melhores: mães e pais mais dedicados, filhos mais agradecidos, amigos mais solidários, enfim, seres humanos mais plenos.

O amor nos faz praticar o desapego. Não só o desapego às coisas materiais, mas a uma série de atitudes que podem causar sentimentos de ódio nos outros. Por exemplo, fazer cobranças exageradas o tempo todo a alguém (ao filho, ao aluno, a um empregado) provoca desgastes desnecessários. Outro exemplo: ironias que fazemos, ferindo e humilhando as pessoas, que se afastam de nós ou reagem de modo violento, cheias de revolta.

A essa altura, você já entendeu que o amor realiza um verdadeiro processo de cura interior. O amor tem esse poder porque o Universo e todos os seres humanos, tudo o que enxergamos (e o que não enxergamos também) foi feito com amor, pelo amor e para o amor. A Criação é um ato do amor divino. Agir contra esse sentimento é, portanto, agir primeiramente contra Deus e, por tabela, contra a natureza, todas as pessoas e nós mesmos.

Se permitimos que o amor de Deus continue nos curando e nos transformando, seremos autênticos instrumentos Dele para ressuscitar um mundo que está desfigurado pela falta de paz, que perde sua beleza a cada golpe desferido pelo ódio – o maior pecado que se pode cometer contra os planos amorosos de Deus. Logo, a maior de todas as virtudes é o amor, em suas múltiplas manifestações.

Distribua o amor

Muitas vezes, mesmo sem conhecermos determinada pessoa, somos capazes de comemorar com ela uma vitória ou compartilhar sua tristeza por alguma perda. O amor é algo tão grandioso que se manifesta até mesmo por alguém que nunca vimos antes. Quando assistimos aos telejornais, em que sempre se dá destaque a catástrofes e desgraças, nasce em nós um sentimento de compaixão para com as pessoas que perdem seus pertences numa enchente, enfrentam graves dificuldades em países mergulhados na guerra ou, pior ainda, perdem a vida em circunstâncias violentas.

É o amor fraternal, força que emana de cada verso da Oração de São Francisco, que faz você se conectar com alguém distante ou desconhecido. Nesses momentos, você sente a dor ou a alegria que o seu próximo sente. Se pudesse vencer distâncias à velocidade da luz, você iria abraçá-lo amorosamente, como se o conhecesse há dez, vinte, trinta anos. E, na verdade, você pode fazer isso, porque o amor nos une para além da dimensão física. Como podemos deduzir das palavras do apóstolo Paulo em sua Carta aos Filipenses, aqueles que se amam em Cristo (manifestação visível e palpável do amor do Pai pela humanidade) têm "o mesmo sentir e pensar que o de Cristo Jesus" (Filipenses 2: 5). O amor une a todos nós, no tempo, no espaço e na eternidade.

Esse amor capaz de nos unir com tudo e com todos é um impulso de vida que nos leva à realização de algo maior. Se o amor está na raiz de tudo, devemos ser semeadores dos frutos do amor. Devemos dar o que recebemos de graça sem esperar recompensa. O amor de Deus veio primeiro ao nosso encontro, antes mesmo que pudéssemos saber que ele existia. Mas agora precisamos reparti-lo com generosidade. E, como já experimentamos em nossa vida outras vezes, dividir esse amor é sempre multiplicá-lo ainda mais.

O chamado de Jesus Cristo para o amor se dirige a todos, independentemente de condição social, cor de pele, grau de instrução, profissão, orientação política ou fé religiosa. Santo Agostinho definia a felicidade humana com poucas palavras e grande sabedoria: "Ser feliz é amar e ser amado." Para Deus, todos precisam de compreensão, segurança, harmonia e aconchego. Todos nós precisamos amar e ser amados para realizar os sonhos de felicidade que Deus tem para cada um de nós.

É a esse amor universal que o Papa Francisco se refere quando nos alerta para os perigos "da cultura do bem-estar, que nos torna insensíveis aos gritos e ao sofrimento dos outros; a globalização da indiferença rouba de nós a capacidade de sentir." E quando nos tornamos insensíveis ao sofrimento alheio, também não percebemos que o ódio, disfarçado com a máscara da frieza e do descaso, começa a ganhar espaço em nossa alma.

Somente por meio do amor teremos a oportunidade de crescer como seres humanos. E uma forma concreta de ampliar nossa capacidade de amar é experimentar o sentimento altruísta de fazer o bem a todos. Enfrentar de peito aberto a experiência de nos colocarmos no lugar do outro, sentindo um pouco da sua fome, da sua solidão, da sua angústia, e ir até ele levando o amor que recebemos de Deus.

Francisco e sua capacidade de amar

Nas recomendações que Francisco de Assis fazia aos seus seguidores, sempre insistia que era preciso amar como Jesus nos amou. E ele próprio vivia esse amor radicalmente, com obras e não apenas com palavras. As obras de misericórdia, de compaixão, são, na verdade, a manifestação mais sublime do amor. Tudo o que chegava às suas mãos – roupas, dinheiro, alimento – ele distribuía entre os mais necessitados.

Certa vez uma mulher idosa e muito pobre se aproximou de Francisco, pedindo-lhe ajuda. Estava ao lado do santo um de seus primeiros companheiros, Pedro Cattani, a quem perguntou com simplicidade: "Irmão, o que podemos encontrar para dar a esta senhora?" Frei Pedro respondeu: "Nada temos para dar a ela. Onde agora moramos, dispomos apenas de um livro com o Novo Testamento, para fazer nossas leituras antes de o Sol nascer." Naqueles primeiros tempos de grande heroísmo, nem livros de oração os franciscanos possuíam.

Inspirado por Deus, Francisco disse: "Irmão Pedro, traga o livro e dê a esta senhora, para que ela o venda e obtenha algum recurso para a sua extrema necessidade. Creio firmemente que ajudarmos agora esta mulher agradará muito mais a Deus do que se ficarmos com este livro para fazer as nossas leituras."

IV

Onde houver ofensa, que eu leve o perdão

A vida anda muito corrida e tensa. A todo momento temos a sensação de que estamos atrasados, que deixamos de fazer algo importante, sem tempo de parar para arrumar nossas coisas. Diante de tanta pressão, a impotência e a angústia vão se avolumando dentro de nós e nos sentimos cada vez mais sobrecarregados.

Por isso, explodimos diante da menor contrariedade. Estilhaços voam em todas as direções, atingindo pessoas com quem convivemos. Os mais próximos geralmente são os que mais se ferem. E acabam revidando com outras explosões. Cria-se um círculo vicioso em que todos têm motivos de sobra para gritar e nenhuma razão. Passamos a ser pessoas agressivas, raivosas, que sentem muita culpa por esse quadro de guerra.

Se vivemos no meio do fogo cruzado das ofensas, nas reuniões da empresa, no trânsito ou dentro de casa, na verdade não estamos vivendo, mas morrendo um pouco a cada dia. Temos vontade de afrontar o outro e "tirar tudo a limpo". Imaginamos que somos superiores e que é nosso direito responder com palavras duras a toda e qualquer provocação. Acreditamos estar defendendo nossas opiniões e afirmando nossa personalidade. A verdade, porém, é que estamos enfraquecendo como seres humanos e nos afastando dos planos de Deus.

A ofensa é uma característica dos fracos de espírito, que, muitas vezes, pela falta de capacidade para argumentar ou defender seu ponto de vista com serenidade, veem como única alternativa insultar o outro. O que verdadeiramente ganhamos ao ofender alguém? A estratégia da ofensa faz parte da batalha do "perde-perde". Não há vitoriosos, pois todos terminam diminuídos, mutilados em sua honra, feridos pela culpa e magoados pela humilhação mútua.

Há quem diga que não suportamos enxergar no comportamento dos outros os nossos próprios defeitos, e que por isso partimos para o ataque, como quem quer destruir um espelho. Faz sentido. Nossas imperfeições frustram nossas expectativas. Adoraríamos ser perfeitos. Gostaríamos de ter atributos divinos. Receber elogios o tempo todo, ser chamados para todos os eventos e sempre ser convidados para realizar grandes tarefas. E não é o que acontece, obviamente.

Esquecemos, no entanto, que a grande expressão de poder é a capacidade de amar e perdoar. Entre os atributos de Deus com relação à humanidade destaca-se o da misericórdia. Um monge que viveu na Idade Média rezava o pai-nosso fazendo uma pequena modificação na oração por sua própria conta e risco. Na hora de dizer a frase "seja feita a Vossa vontade", ele a substituía por "seja feita a Vossa bondade".

O grande e insondável perdão de Deus se manifestou na história humana quando Ele nos entregou seu próprio Filho para nos ensinar o caminho da Vida e nos redimir com seu sangue. Jesus chocava seus contemporâneos quando se dirigia aos pecadores e os perdoava em público, algo que só Deus poderia fazer. Jesus mesmo jamais precisou pedir perdão a ninguém. Ao ser pregado na cruz, pediu ao Pai que nos perdoasse por tamanha atrocidade. O perdão quebra o círculo vicioso da ofensa. É o remédio dos remédios, a cura das curas.

Revista-se de tolerância

Nunca é fácil perdoar – perdoar de verdade, não apenas fingir que esquecemos a ofensa para, na primeira oportunidade, trazer tudo à tona novamente. Não pode ser algo forçado ou apressado. Aprender a perdoar é um dom que precisamos receber da misericórdia divina. A Oração de São Francisco nos ajuda a dar este grande passo: que sejamos instrumentos do perdão de Deus.

Temos de aprender a ser mais tolerantes. Isto funciona como alicerce para uma profunda transformação, ajudando-nos a detectar as fragilidades dos outros e as nossas. Essas fragilidades não devem ser apontadas como meros defeitos, mas como algo que nos aproxima da nossa condição humana e, portanto, de Deus, que nos ama como nós realmente somos.

As tensões são o pão nosso de cada dia. Muitos trabalham em empresas nas quais a pressão é enorme. Se as metas não forem alcançadas, cabeças vão rolar! Outros acreditam que deram o melhor de si num relacionamento, mas percebem que isso nunca é suficiente e continuam recebendo inúmeras e constantes cobranças do ser amado. Até os seus melhores amigos reclamam e pressionam quando você fica uma ou duas semanas sem procurá-los.

Como lidar com essa sobrecarga emocional, que causa em nós tamanho cansaço físico e mental? Como não morder as iscas lançadas pela sociedade competitiva e não perder as estribeiras a cada esquina? De que modo levar a palavra de perdão aos outros, quando nossa vontade é gritar uns bons palavrões?

Devemos ser tolerantes, atitude indispensável para garantir a leveza e a estabilidade interior.

Falando de forma simplificada, existem dois tipos de situação em que a tolerância se faz necessária. A primeira, quando podemos influir e modificar algo. A segunda, quando nada pode ser feito.

Ser tolerantes com o que é possível mudar significa expressar nossa opinião com serenidade, ouvindo as opiniões contrárias e discutindo com o devido respeito. No segundo caso, quando não podemos mudar as circunstâncias, seja a morte de um ente querido, o diagnóstico de uma doença grave ou um fracasso profissional irreversível, temos de passar pelo grande teste da paciência, aceitando os fatos com humildade. Como diz o Dr. Fábio Augusto, autor do livro *Da dor nasce o amor*, é "difícil dizer Que seja feita a Sua vontade, quando a vontade de Deus parece ser diferente da nossa!" Mas é nessa hora que realmente incorporamos a virtude da tolerância.

Deixe-se mover pela compaixão

Se não pararmos para refletir seriamente sobre o próximo e a maneira como lidamos com ele, não adiantará reclamar das tensões, queixar-se das ofensas ou reconhecer como é desagradável levar um desaforo para casa.

Estamos muito preocupados com nossos problemas pessoais, como se os outros fossem meros coadjuvantes de nossa história, quando, na verdade, todos nós viajamos no mesmo barco. Se nos centrarmos apenas em nós mesmos, jamais compreenderemos que os outros passam por dificuldades muito parecidas com as nossas, e que todos procuram as soluções que nós procuramos. Nos desígnios de Deus, tudo está interligado e o destino de um é partilhado por todos.

Olhe ao seu redor, converse com outras pessoas, pergunte a elas quais os problemas que estão enfrentando atualmente. Você encontrará muita dor e sofrimento. As pessoas carregam culpas, preocupações, tristezas, mágoas, se sentem abandonadas, temem pelo futuro e não sabem como superar suas fraquezas. Jesus encontrou tudo isso em suas andanças pela Terra. Vendo as multidões que o seguiam, pessoas em busca de respostas para suas vidas, Jesus comparava-as com "ovelhas sem pastor", seres sem direção, sem objetivos, necessitados de alguém que os ouvisse com o coração aberto.

Ouvir com o coração é ter misericórdia. Não é ter "pena", mas compreender que as angústias e os desgostos alheios são muito semelhantes aos nossos. Foi por isso que Jesus disse: "Felizes os misericordiosos, porque alcançarão misericórdia." Nós sentiremos a misericórdia de Deus atuando sobre nós quando tivermos misericórdia com os que sofrem. Não é por acaso que as pessoas que realizam trabalhos voluntários se sentem fortalecidas ao dar um pouco de si para os outros. Deus oferece um pouco mais de seu amor àqueles que se doam ao próximo.

Perdoar é crescer

A tolerância e a compaixão são as duas asas necessárias para realizarmos o grande voo do perdão. Este voo nos faz sobrevoar os percalços da vida, nos ajudando a sofrer menos, mas também nos leva para junto de Deus.

O perdão tem ainda dois aspectos a serem considerados: um deles se refere ao autoconhecimento, e o outro, ao nosso crescimento.

Ao perdoarmos, demonstramos reconhecer que nós é que poderíamos precisar daquele perdão. Recuperamos assim a consciência da nossa condição de seres humanos falíveis e seguimos em frente com a alegria de sermos o que somos. Quem perdoa pratica a regra de ouro da moral: "Faça aos outros aquilo que você quer que os outros façam a você." Quem não se sente melhor quando pede e obtém o perdão por um erro cometido? Perdoando os outros, você está contribuindo para um mundo mais ético e mais humano.

A arte de perdoar também inclui o autoperdão. O perfeccionismo nos faz ser cruéis conosco. Não toleramos nossas faltas. E passamos a nos censurar dia e noite por toda e qualquer falha. Como você poderá levar o perdão a alguém, se não consegue perdoar a si mesmo? Ninguém está defendendo aqui a falta de consciência. Devemos conhecer nossos pontos fracos e nossos defeitos para viver a humildade. Mas também é sinal de humildade não dar tanta importância aos tropeços e às quedas. Não podemos desistir da caminhada. Perdoar a si mesmo é levantar, sacudir a poeira e dar a volta por cima.

Mas a Oração de São Francisco traz uma revelação ainda mais profunda. Levando o perdão, você resgata a sua semelhança com o próprio Deus. Você de certo modo experimenta o mesmo entusiasmo que Jesus sentia quando acolhia os mais fracos e os libertava da culpa.

Perdoar não significa esquecer o mal que o outro fez contra você. Isto seria antinatural. Nem Deus esquece as ofensas que cometemos contra Ele. A memória de Deus é infinita e sem lacunas. O que o perdão divino e humano faz é ajudar quem foi perdoado a "virar a página" do livro da vida, assumindo o compromisso de criar um futuro melhor dali em diante.

O gesto de perdoar é libertador para quem ofendeu alguém e para quem perdoa a ofensa. Por isso, não perca tempo. Não jogue fora a oportunidade de voar mais alto e de sentir o vento do amor de Deus tocando seu rosto. Perdoe hoje. Perdoe agora. Onde houver ofensa, e sempre que for necessário, vença o medo de perdoar. Vença o medo de seguir o exemplo de Jesus Cristo. Vença o medo de crescer.

Francisco ensina a perdoar

Entre as histórias contadas nas biografias de Francisco de Assis, uma das mais famosas é a que se refere ao lobo de Gúbio, que vivia atacando os habitantes dessa cidade italiana. Francisco foi ao seu encontro e lhe disse: "Irmão lobo, não faças mal a mim nem a ninguém! Vim aqui para estabelecer a paz entre ti e a cidade de Gúbio. Bem sei que foi a fome que te levou a cometer maldades, atacando rebanhos e pessoas deste local. Daqui em diante, porém, a cidade te perdoará e te dará o alimento necessário. E tu, que já não és tão jovem, terminarás teus dias em paz, sem agredir ou ferir outros animais ou outras pessoas!"

Durante os dois anos seguintes, até ter uma morte natural, o lobo entrava e saía da cidade tranquilamente, e todos os que o viam andando pelas ruas e praças se lembravam das palavras de Francisco a favor do perdão e da paz.

V

Onde houver discórdia, que eu leve a união

A vida pode ser uma sucessão de coincidências felizes, de encontros prazerosos, de união entre as pessoas. Mas nem sempre é isso que vemos ao nosso redor. Na correria diária, são muitos os "ruídos" que tiram o nosso sossego e atrapalham a nossa convivência.

Por vezes nos tornamos porta-vozes da difamação ao invés de instrumentos da paz. Ouvimos algo negativo sobre alguém e passamos tal informação adiante. Pronto, a discórdia começa a ser disseminada. Ou embarcamos em certas "campanhas" de zombaria, escolhendo certos colegas como vítimas de nossas piadas, o que transforma o ambiente de estudo ou de trabalho em um lugar desagradável, onde reina o desrespeito.

Na era da internet, toda e qualquer mensagem se propaga num piscar de olhos. Fatos que ocorrem num canto do planeta atravessam fronteiras, chegando a outras cidades, outros países e continentes com a rapidez de um clique. Alimentadas pela fofoca, histórias que envolvem a intimidade das pessoas tomam proporções inimagináveis e invadem nossos lares como se fossem verdades absolutas. E essas histórias fomentam antipatias, preconceitos e desprezo.

Você conhece alguém que parece ter nascido para semear intrigas por onde passa e que, ao abrir a boca, desencadeia todo tipo de briga, desconforto e desavença? "Trama perversidades em seu coração, maldade em todo o tempo, semeia discórdias" (Provérbios 6: 14); seu esporte preferido é provocar a desunião.

Infelizmente, pessoas com esse perfil existem e não são personagens de novela. Motivadas pela inveja, pelo desejo de diminuir o outro ou até mesmo pelo prazer de "ver o circo pegar fogo", saem disparando comentários constrangedores para todos os lados, como flechas em busca de um alvo fácil.

Outro agente semeador da discórdia é a necessidade que alguns têm de impor suas ideias e sua maneira de ser. Parecem querer provar a si mesmos que são superiores aos outros. Quem não respeita o próximo – seja porque ele tem uma opinião ou temperamento diferente, ou mesmo porque apresenta características físicas peculiares – só será capaz de colher inimizades e solidão. Não percebe que as coisas ruins que acontecem em sua vida são resultado das próprias ações.

Pessoas de diferentes religiões gostam de recitar a Oração de São Francisco, e mesmo os céticos e ateus podem entendê-la como um poema em homenagem à paz. Porém é fundamental que religiosos e ateus compreendam que a construção dessa paz, em nível mundial ou dentro de casa, depende de todos nós. Depende de uma mudança de conduta pessoal. Nas palavras de João Paulo II num discurso que fez em Assis, a paz é descrita como um canteiro de obras aberto a todos:

> "A paz é uma responsabilidade universal: passa através de milhares de pequenos atos da vida cotidiana. Por seu modo cotidiano de viver com os outros, as pessoas optam pela paz ou a descartam."

Sempre que deparamos com a tentação da discórdia, é bom lembrar o exemplo da família de Nazaré. Foram muitas as apreensões vividas por Maria, José e o Menino Jesus enquanto buscavam um lugar seguro para morar, mas em nenhum momento perderam o sentido de união. Mantiveram-se juntos para o que desse e viesse.

Assim também deve ser em nossa vida. Não podemos nos perder uns dos outros. E, mais importante ainda, não podemos nos perder de Deus, que é a fonte de toda união. Não nos afastemos de Sua Palavra em nossa vida pessoal, familiar, social e profissional. A fé em Deus nos ensina a contribuir para a união entre os seres humanos.

Esse discernimento nos leva a refletir antes de realizarmos toda e qualquer ação. A reflexão é o exercício dos sábios. Quando desenvolvemos o hábito de refletir, conseguimos criar um equilíbrio entre razão e emoção, atuando com mais cordialidade e gentileza. Nossas palavras serão mais adequadas, nossas conversas, mais oportunas e positivas. Nossas decisões serão mais justas. Nosso comportamento dará aos outros a certeza de que é possível viver e conviver em paz.

Crie vínculos

Muita gente pensa que basta estarmos juntos para estarmos unidos. Grande equívoco. Podemos viver rodeados de familiares, amigos ou colegas de trabalho e estarmos presentes apenas fisicamente, enquanto a mente vagueia por lugares distantes e o coração não pulsa no mesmo ritmo dos que nos cercam.

Nos restaurantes, é comum vermos pessoas sentadas à mesa, umas diante das outras, sem trocarem um olhar de carinho ou uma palavra de afeto. Parecem envoltas numa redoma de vidro impenetrável, entretidas com os próprios pensamentos ou, como tem se tornado cada vez mais frequente, mergulhadas na telinha de algum equipamento eletrônico de última geração.

Quantos pais, para conseguirem alguns minutos de conversa com seus filhos, quase precisam suplicar para que estes se desgrudem das redes sociais e dos joguinhos virtuais? E quantos casais, cuja vida profissional está repleta de compromissos, tarefas urgentes, viagens e longas reuniões, precisam fazer um esforço descomunal para reservarem algumas horas só para os dois?

Nessa vida de solidões paralelas, alguma coisa está muito errada.

Distraídos por nossos interesses imediatistas, deixamos de lado o que realmente importa. Aturdidos pela nossa incapacidade de fazer escolhas a favor da união, não levamos em conta as pessoas que queremos amar, e acabamos por nos distanciar delas e de nós mesmos.

Antigamente, o dia de aniversário de um ente querido era motivo suficiente para interrompermos nossas atividades e irmos ao seu encontro. Hoje, não mais. Com o advento dos telefones celulares e seus torpedos, bem como das redes sociais, trocamos o mundo real pelo virtual. Em vez de darmos um telefonema com calma e de fazermos uma visita demorada a alguém que gostaríamos de abraçar, preferimos enviar uma mensagem sucinta, estereotipada e desprovida de emoção. Tomados pela ilusão da praticidade, ou melhor, pelo comodismo, criamos abismos entre nós e as outras pessoas. Os 140 caracteres parecem ter se transformado no limite máximo da afeição que temos condições de oferecer.

Até os temperamentos mais burocráticos e frios compreendem que não se pode equiparar uma mensagem digitada às pressas a um abraço caloroso de feliz aniversário. Não existe cartão virtual com música e luz piscante capaz de substituir o calor de um gesto afetuoso.

Por isso, não percamos mais nenhuma oportunidade de criar e reforçar nosso vínculo com as pessoas. Enviar um torpedo pode resolver tudo em poucos segundos e, já que é um torpedo... poderá também afundar os nossos sonhos de uma existência mais humana e feliz. É importante respirar o amor ao vivo, conversar olho no olho, exercitar a amizade face a face, para não deixarmos o coração "enferrujar", ainda que seja apenas nas datas comemorativas mais óbvias.

O ser humano precisa de outro ser humano. É isso que Deus quer nos fazer entender. Os primeiros cristãos "viviam unidos e possuíam tudo em comum" (Atos 2: 44), e Tertuliano, teólogo que viveu entre os séculos II e III, testemunhou num de seus textos que os pagãos, ao verem as comunidades cristãs da época, exclamavam: "Vejam como eles se amam!"

Para que a convivência seja uma experiência verdadeiramente prazerosa e frutífera, é necessário, porém, que você esteja em contato com a própria alma. Então, que tal começar eliminando a discórdia que ainda existe dentro de você? Isso mesmo. Que tal reunir o que ficou estilhaçado no seu íntimo, resultado de experiências mal resolvidas que você precisa superar? Por que não procurar, no fundo de sua consciência, a voz do Pai Criador lhe pedindo que saia de si mesmo e vá ao encontro dos seus irmãos? Ao se transformar em uma pessoa inteira e aberta para o mundo, você se torna capaz de criar vínculos significativos e perenes.

Você já reparou como existem pessoas agregadoras por natureza, enquanto outras só afastam os outros de si? Para haver união, é preciso entregar-se de corpo e alma às relações. Além de uma postura de escuta ativa e interessada, precisamos cultivar o desejo permanente de viver cada encontro humano com intensidade e paixão.

Mais do que ter um discurso bonito ou sedutor, a arte de criar vínculos requer atitudes capazes de produzir transformações reais em você e nos outros. A força que nos impulsiona nesse sentido vem do próprio Criador e do nosso desejo de viver tudo aquilo que Ele planejou para nós.

Viva a fraternidade

Para levar a união onde houver discórdia, é preciso agir como um chaveiro habilidoso, e entre todas as portas que precisamos aprender a abrir, a principal delas é a do coração.

Na sua vinda ao Brasil, o Papa Francisco fez questão de transmitir uma mensagem de união para todos nós. Ressaltou a importância da tolerância religiosa e da construção de um mundo de fraternidade, uma proposta de vida para a humanidade.

Toda vez que uma visão de mundo tenta sobrepor-se às demais, a discórdia se faz presente. O desafio, portanto, é fazermos como o papa ensina: viver em harmonia com todos, respeitando a pluralidade que emana do conjunto e a singularidade de cada um. "A união faz a força" não é apenas um ditado popular, mas uma lição de vida que renova nossas forças em prol de um mundo mais humano.

Em vez de olharmos apenas os índices que medem a riqueza produzida pelos países e ficarmos preocupados com as crises econômicas, deveríamos nos ocupar com o déficit de amor e carinho que há no mundo e os tipos de investimento diário que devemos fazer para que sejamos ricos em fraternidade.

Se na aparência somos diferentes uns dos outros, na essência somos todos irmãos. Estamos conectados com Jesus Cristo, que veio ao encontro de todos, sem exceção, e de todos se fez amigo e irmão. É preciso reafirmar essa aliança com Deus diariamente, praticando o amor fraterno, que, em português claro, significa arregaçar as mangas e lutar por uma causa maior. Substituir a obsessão do ter pela noção do ser. Multiplicar nossos gestos de compreensão, solidariedade e doação na balança da vida, fazendo-a pender para o lado do bem.

Que assim seja!

Um gesto de Francisco

Certa vez, entre os irmãos com quem Francisco de Assis convivia, havia um frade que estava muito doente e debilitado. Pensando nele o tempo todo, Francisco disse consigo mesmo: "Mais do que de remédios, esse meu irmão gostará de comer uvas ao acordar. Acho que isso lhe fará bem." No dia seguinte, bem cedo, chamou o frade e o levou para uma vinha que ficava por perto. Escolheu a videira com as melhores uvas e os dois ficaram ali, juntos, saboreando aquelas frutas e conversando. Enquanto comiam, o frade louvava a Deus, e durante todo o tempo em que ainda viveu, recordava-se com frequência daquele dia em que Francisco lhe deu o bálsamo da união fraterna.

VI

Onde houver dúvida, que eu leve a fé

Ter fé significa acreditar, especialmente nos momentos em que as sombras da dúvida surgem em nosso horizonte. Temos de viver uma fé esclarecida e corajosa, acreditando em Deus e no que Ele revelou, acreditando em nós mesmos e no próximo.

A fé é uma visão que ilumina, como explicou o Papa Francisco em sua primeira encíclica, intitulada *A luz da fé* (*Lumen Fidei*). É dar um passo em direção à travessia da ponte aparentemente ausente sabendo que ela estará lá. Fé é acreditar que, se fizermos o nosso possível, Deus fará o impossível por nós.

A fé também é uma fonte de purificação e cura, pois aproxima nossa consciência da luz de Deus, sob a qual vemos os nossos erros e as nossas possibilidades de fazer o bem. Entre as forças das quais o ser humano é dotado, nenhuma se compara à fé. Por isso se diz que ela é uma virtude capaz de remover montanhas. As "montanhas" a serem removidas são várias. Pode ser que ela esteja fora de nós, como um obstáculo assustador e intransponível. Ou mesmo em nosso íntimo, na forma de um coração de pedra que, depois de muitas decepções, endureceu e não consegue mais se compadecer dos outros nem perdoar quem necessita desse perdão.

A fé nos permite sorrir apesar da dor, não desistir jamais, procurar e aceitar a vontade de Deus, superar as aflições, combater o bom combate, dar um testemunho de vida coerente, não se enganar com as ilusões do prazer fácil e, enfim, ter a lucidez que nos indicará os melhores caminhos para a nossa evolução pessoal.

Hoje em dia, até os médicos admitem que a fé ajuda a curar doenças. Mas não mudaram de opinião de repente.

Há muitos estudos científicos comprovando os benefícios da fé na melhora da qualidade de vida dos pacientes. Existem relatos e mais relatos de doentes que decidiram lutar para viver mais e obtiveram essa graça de Deus. Evidentemente, a ação médica não pode nem deve ser descartada, mas a medicina também não deve desprezar os efeitos da fé. Uma pessoa que crê na ação amorosa de Deus está aberta à saúde integral, que envolve todos os nossos aspectos físicos e não físicos.

Se todos nós já presenciamos as mudanças operadas pela fé na vida de pessoas mais ou menos próximas quando tiveram grandes problemas, por que vamos esperar tê-los para decidirmos fazer o mesmo? Não seria mais coerente buscarmos uma vida de fé a todo momento, trabalhando para que nossa crença se fortalecesse, antes de sermos obrigados a isso por uma via mais triste e dolorosa?

A fé não é um desejo vago e sem consistência. Quando praticamos a fé, percebemos seus benefícios. É um dom que exige de nós a humildade e a coragem de nos entregarmos ao mistério da existência, andando pelo caminho luminoso que nos leva ao encontro de Deus. Cultivar a fé consiste em torná-la uma referência em nossa vida a ponto de conseguirmos tocá-la e sermos tocados por seu poder transformador.

Mexa-se!

Por maiores que sejam as dificuldades, os padecimentos, as ameaças da doença ou a degeneração que o mundo nos apresente, não podemos deixar de enxergar a luz no fim do túnel e segui-la com a convicção de que a escuridão é passageira em nossa viagem rumo à eternidade.

Ao contrário do que algumas pessoas imaginam, acreditar em Deus e entregar tudo nas mãos do Senhor não é sinal de comodismo. Todos os grandes místicos demonstraram que o trabalho e a ação fazem parte da vida de uma pessoa de fé. A fé em Deus nos introduz num longo processo de aprendizagem e crescimento. Aprendemos a colaborar com a graça divina, que não dispensa a nossa liberdade e as nossas obras.

Os ensinamentos de Jesus nos levam a não nos conformarmos com o que somos hoje. Sempre existem arestas para aparar, capacidades para desenvolver, qualidades para aprimorar. A missão de cada um consiste em ser uma pessoa cada vez melhor, não por vaidade, mas para se tornar referência de luz e certeza, ajudando aqueles que hesitam e se sentem sem rumo. Jesus usava uma imagem simples mas eloquente para que vençamos a timidez de ser luz para os outros:

> "Ninguém traz uma lâmpada para colocá-la num
> lugar escondido ou debaixo de uma vasilha;
> coloca-a no suporte, a fim de que os que entram
> vejam a claridade." (Lucas 11: 33)

Neste caminho, é normal que surjam receios e indecisões. Mas isso não nos torna menos dignos. Ao contrário, é uma chance para que mostremos nosso desejo de ser fiéis. Lembre-se de que até mesmo os grandes santos, em diversos momentos, foram submetidos a provações.

Santa Teresinha do Menino Jesus, que morreu com apenas 24 anos, escreveu certa vez que as trevas da dúvida a envolviam e pareciam lhe dizer, em tom de ironia maldosa:

> “Você sonha com a luz, com uma pátria perfumada pelos mais suaves odores, você sonha com a eterna posse do Criador de todas essas maravilhas, você acredita que um dia sairá do nevoeiro que a envolve. Vamos, avance, avance, alegre-se com a morte que não lhe dará nada do que você espera, mas somente uma noite mais profunda, a noite do nada!”

Teresinha dizia que muitas vezes olhava para o céu e o achava fechado e silencioso, como se Deus tivesse desaparecido para sempre de sua vida. No entanto, embora tão jovem, frágil e doente, ela cresceu cada vez mais e se entregou a Jesus de modo integral. Teresinha aprendeu, meditando sobre a fé, que não haverá mérito de nossa parte se não houver uma luta corajosa e confiante.

Ter dúvidas, sentir insegurança ou medo não são coisas extraordinárias na vida da fé. Não sabemos o que vai acontecer no próximo minuto e não temos condições de comprovar verdades que estão além de nossos sentidos. O problema está em esquecermos que a fé nos oferece a melhor resposta para a dúvida. A fé é um dom que devemos pedir, e o próprio ato de pedir é um ato de fé.

Pense um pouco: o que a dúvida pode nos oferecer a não ser mais dúvida e mais insegurança? O que a falta de esperança pode nos trazer a não ser mais desesperança? O salto da fé já é, em si, um milagre. O milagre que Deus faz em nós com a nossa participação. O milagre de nos mexermos, de acreditarmos no impossível, lembrando a cada momento que para Deus nada é impossível.

Tenha fé!

A fé não é cega. Ao contrário, é uma forma de evoluir e treinar nossa mente para a sobrevivência em um mundo repleto de incertezas. O cotidiano deve ser uma fonte de aprendizado para o desenvolvimento da fé. Vivemos num tempo em que dados e informações se multiplicam com tanta velocidade que fica humanamente impossível dar conta de tudo. E com tanta demanda é muito comum ficarmos em dúvida quanto ao que devemos fazer e ao que devemos pensar a respeito dos outros e de nós mesmos.

Exatamente por isso a fé requer um exercício diário de fortalecimento. Não podemos perder a confiança nas coisas boas e no bem que outras pessoas podem fazer. Muitas vezes ficamos aprisionados às notícias negativas com as quais somos bombardeados todos os dias pelos veículos de comunicação. Começamos a acreditar que ninguém presta, que há uma armadilha em cada esquina, que todas as propagandas são enganosas, que todas as religiões são "empresas" que só querem nos enganar, enfim, que devemos desconfiar de tudo e de todos.

É claro que não devemos ser ingênuos a ponto de nos deixar seduzir por uma imagem agradável ou uma linguagem sedutora. Nossa fé deve ser inteligente e madura. E esta fé nos afirma que o Criador, que está no controle e acredita em nós, nos criou com um potencial imenso e nos deu o sopro da vida e a luz da razão para que continuássemos Sua obra.

A dúvida divide, a fé tem o poder de congregar. Enquanto o mal propaga a confusão, Deus nos quer lúcidos. Procurar comunidades de fé onde outras pessoas se respeitem e procurem, juntas, a palavra de Deus é legítimo e necessário.

Jesus não se isolou das multidões nem quis que seus discípulos vivessem desligados uns dos outros. É sempre um desafio compartilhar a fé no Pai, que sonha em unir todos os seres humanos numa única família aqui e para além da morte. Deus quer que este mundo seja mais justo, como antecipação de um mundo ainda melhor, preparado por Ele para todos os Seus filhos.

Imagine ondas elétricas acionadas por bilhões de fontes distintas. Se cada pessoa fizer a sua parte, com pensamentos e atitudes inspiradoras do bem (cuja raiz está em Deus), com certeza a missão que Ele nos reservou será cumprida.

Para tanto, temos de espalhar a fé por onde passamos. Levar a fé para os outros exige que você a tenha também em si mesmo. Com todas as suas energias ativadas e com um brilho no olhar, você levará a mensagem divina de que tudo vai melhorar. Saberá propagar a certeza de que, depois da escuridão, surgirá a luz.

Como diz o Reverendo Aldo Quintão em seu livro *A graça de Deus*,

> "Com Deus e com alegria de viver, a gente verga, mas não quebra. Balança, mas não cai. Perde uma batalha, mas não perde a guerra. Acredite: por mais escura que seja a noite, irá amanhecer, pois no 'Senhor sou mais que vencedor' (Romanos 8: 37); 'Sei em quem acreditei' (2 Timóteo 1: 12); e 'Tudo posso naquele que me fortalece' (Filipenses 4: 13)."

A fé que devemos ter em nós mesmos não é fruto da arrogância, mas um ato de humildade, sem o qual a fé em Deus é inviável. Na hora da dúvida, nos sentimos sem chão, como se estivéssemos pregados na cruz junto com Cristo, suspensos entre a terra e o céu. Mas é exatamente ali, com Ele, que nós estamos mais perto de Deus e mais próximos da vitória sobre todo o mal.

A fé inabalável de Francisco

Frei Rufino era um dos companheiros de Francisco de Assis e, certa vez, foi tentado em sua fé. Estava ele em oração, quando lhe apareceu o demônio disfarçado de Cristo. E o demônio lhe disse: "Rufino, de que adianta acreditar em Francisco, se você já está predestinado à condenação eterna? De nada lhe serve rezar e se sacrificar neste mundo! Creia em mim, porque eu sei quem irá se salvar ou se condenar. Você já está condenado ao Inferno e tudo o que fizer para evitar o seu destino será em vão!"

Angustiado por essa visão e com o coração cheio de dúvidas, Frei Rufino andava profundamente deprimido, até que Francisco lhe perguntou o motivo de sua tristeza. Rufino contou tudo, e São Francisco ponderou: "Irmão, você já deveria ter percebido que este que lhe apareceu não é Jesus. O demônio, quando vem, endurece e entristece o coração das pessoas para que elas deixem de praticar o bem. Cristo jamais faria isso com quem tem fé. Ao contrário, Ele tira do nosso peito o coração de pedra e põe no lugar um coração de carne."

A partir de então, fortalecido pelas palavras de Francisco, Frei Rufino venceu a tentação e recebeu a graça de outra visão, em que Jesus lhe apareceu, dizendo: "Meu filho, você fez bem em acreditar em Francisco. Eu sou o Cristo verdadeiro, e, como recompensa pela sua vitória contra o mal, você nunca mais sentirá tristeza em sua vida."

VII

Onde houver erro, que eu leve a verdade

Para evoluirmos como seres humanos e filhos de Deus, precisamos aprender todos os dias. Nesse trajeto, cometeremos muitos erros. A Bíblia já nos avisou que "Sete vezes cai o justo, mas se levanta" (Provérbios 24:16). O número sete indica que são muitas quedas, mas aquele que quer aprender com isso se levanta uma e outra vez, sem desanimar jamais.

Cada um de nós reconhece que já cometeu muitos erros na vida. Erros esses que, em sua maior parte, foram involuntários, com certeza, mas quantos deles poderíamos ter evitado?

Muitas vezes nós erramos por displicência. Pensemos, por exemplo, nas causas de inúmeros acidentes de carro. O motorista atende o celular enquanto está dirigindo, bebe e pega no volante ou, na pressa de chegar ao seu destino, acelera pelas ruas e faz ultrapassagens a torto e a direito. Acredita que é normal fazer o que todos fazem ou que está apenas infringindo os limites de velocidade. Na verdade, coloca em risco a própria vida e a de outras pessoas. Quantos acidentes fatais acontecem por causa de um descuido!

Erros e imprudências desse tipo acontecem, não só no trânsito, mas também no trabalho, dentro de casa, numa viagem ou num passeio, quando não medimos as consequências de atos aparentemente inofensivos. Todos nós temos família e amigos, pessoas que nos amam e querem conviver conosco. Muitos talvez ainda tenham filhos pequenos que só vão para cama quando veem os pais chegarem da rua. Tudo isso pode desmoronar num piscar de olhos, resultado de não pensarmos na abrangência de nossas ações.

A vida é delicada, não aceita desaforo: para morrer basta estar vivo. E os nossos erros não atingem somente a nós mesmos. Às vezes, quando falhamos gravemente, acabamos prejudicando aqueles que tanto nos amam.

Infelizmente, boa parte das pessoas só se aproxima de Deus depois que seus erros tornaram-se fonte de sofrimento. Encontram consolo e aconchego, é claro, mas por que não fazer esse mesmo movimento quando ainda está tudo bem e o pior não aconteceu? Estaremos mais atentos à nossa vida se estivermos cientes da presença de Deus. Errar é humano. Todos nós somos falíveis e pecadores. Mas se pedirmos que Deus nos estenda a mão aqui e agora, e que nos mostre o caminho do bem, poderemos poupar muitos desgostos a nós mesmos e aos outros.

Sempre é possível aprender com os nossos tropeços. Para isso, precisamos ser sinceros conosco e com Deus, devemos avaliar as causas dos nossos erros. Nossa consciência nos dirá se foi um erro premeditado ou se aconteceu por mera falta de cuidado. Ao reconhecermos nossas falhas e nossos equívocos, temos de buscar um modo de consertar o que for possível e, principalmente, estudar formas de evitar que o erro se repita.

Praticar uma autocrítica saudável é vencer o perigo de não crescer moral e espiritualmente. Sabe quando os erros estão tão arraigados em nossa vida que se tornam "normais"? Depois de uma queda, continuamos no chão e começamos a rastejar, achando que isso é próprio da nossa natureza.

Não se deixe enganar. Os erros são comuns, mas nunca serão normais. É usual vermos nas ruas de nossas cidades pessoas evitando o encontro com um pedinte faminto e sujo.

É comum sentirmos medo ou repulsa diante de uma pessoa que consideramos estranha. Mas essa atitude habitual não faz de nós pessoas normais, à imagem de Jesus, que sempre foi ao encontro dos mais necessitados. Aliás, alguém já disse que Jesus costuma retornar a este mundo disfarçado de andarilho, usando vestes maltrapilhas, para ver como anda a nossa compaixão...

O próprio Jesus afirmou:

> "Pois eu estava com fome, e me destes de comer; estava com sede, e me destes de beber; eu era forasteiro, e me recebestes em casa; estava nu e me vestistes; doente, e cuidastes de mim; na prisão, e fostes visitar-me. [...] Em verdade, vos digo: todas as vezes que fizestes isso a um destes mais pequenos, que são meus irmãos, foi a mim que o fizestes."
> (Mateus 25: 35-36 e 40)

Procure a Verdade

O pior dos erros é o autoengano, que leva uma pessoa a mentir tanto, mas tanto, que a certa altura da vida passa a acreditar que a mentira virou verdade. Podemos cair na armadilha da mentira e, mentindo para nós mesmos com frequência, acabamos nos convencendo de que a verdade é que é mentirosa.

Quantos corruptos alegam aceitar dinheiro desviado porque são "obrigados" e, se não o fizerem, outros farão? Em sua óptica distorcida, o errado se transformou no que é certo. No campo do relacionamento, há pessoas que, enganando a si mesmas, traem seu parceiro e ainda por cima alegam que a culpa não é sua, mas do outro, que não soube lhes proporcionar felicidade.

Todos nós corremos o risco do autoengano quando nos afastamos de Deus e perdemos de vista os critérios que nos mostram o que é erro e o que é verdade. Precisamos retornar a Deus, refletir sobre Sua palavra e restabelecer valores e verdades fundamentais que funcionam como indefectíveis botes salva-vidas quando a nossa alma estiver mergulhada num mar de erros:

* Erro é desrespeitar o próximo.
* Verdade é amá-lo como a nós mesmos.
* Erro é pôr as riquezas materiais acima dos bens espirituais.
* Verdade é buscar o reino de Deus em primeiro lugar, pois o restante virá por acréscimo, pela bondade de Deus e como fruto de nosso trabalho.
* Erro é nos colocarmos no lugar de Deus e acharmos que temos a última palavra em tudo.
* Verdade é pedir a Ele que cuidemos dos problemas do dia a dia e que não fiquemos angustiados e ansiosos com o futuro.

Para levarmos a verdade aos outros é necessário descobri-la dentro de nós, vencendo o autoengano. E isso exige humildade. Há quem passe a vida buscando o reconhecimento, o sucesso e a admiração de terceiros e acabe pagando um preço muito alto: a própria anulação como pessoa. Imagina que está acertando, mas na realidade está desrespeitando a si mesmo e também a Deus, porque está desconectado da verdade maior.

E onde está essa verdade com "V" maiúsculo? Como resgatar a Verdade e torná-la a única fonte de nossos pensamentos e de nossa conduta? Jesus fez uma declaração definitiva a esse respeito: "Eu sou o caminho, a verdade e a vida" (João 14: 6). Caminhar na Verdade é agir como Jesus agia, de modo que possamos dormir o sono dos justos. Sabe quando você coloca a cabeça no travesseiro e sente que o Criador, o nosso Pai, está ali, do seu lado, cuidando para que tenha um sono reparador e sonhe com os anjos? E quando acordamos no dia seguinte, estamos prontos de novo para defender os valores que Jesus difundiu com Sua palavra e Sua vida: a sinceridade, a fidelidade, a alegria, a honestidade, a mansidão, a coragem e, sobretudo, o amor.

Para vencer o autoengano, viva e acorde com a Verdade todos os dias.

Apure os sentidos

Mas para encontrar a Verdade, da qual nascem todas as verdades, devemos cultivar o que se chama de "olhar contemplativo". São Francisco de Assis, e todos os grandes adoradores de Deus, tinha esse olhar. Tudo o que ele via estava banhado com a luz do sagrado. A natureza, para ele, manifestava a grandeza divina. As pessoas eram a imagem do Criador, filhas do Pai. Francisco via Jesus Cristo presente num enfermo, pedindo-lhe amor e solidariedade.

Esta visão nos faz enxergar as coisas com mais profundidade. Podemos então distinguir o joio do trigo, discernir o certo do errado, e também diferenciar o erro, a ser condenado, de quem o cometeu e precisa ser perdoado. Quando meditamos as cenas do Evangelho, descobrimos como Jesus olhava para os lírios do campo, para um cego de nascença, para as crianças, para uma viúva chorando a morte de seu filho único, e aí, sim, começamos a abrir os olhos para o mundo que nos cerca e a agir com mais coerência.

Tal como a visão, nossos outros sentidos também precisam ser trabalhados para nos mantermos sempre em contato vivo com a Verdade.

No caso da audição, é preciso saber interpretar bem as notícias e informações que nos contam, ter paciência para ouvir as confidências de quem procura nossa ajuda e nossa eventual orientação. Quem aprendeu a cultivar o silêncio interior sabe se esquecer um pouco de si mesmo e abrir-se para a dor e o sofrimento alheios. Assim como Jesus dizia que os misericordiosos alcançarão misericórdia, podemos dizer que os que sabem ouvir os outros também serão ouvidos por Deus.

O olfato apurado nos permite intuir quando "algo não cheira bem" e pode trazer sérios prejuízos para nós e para os outros. Da mesma forma, essa sensibilidade nos ajuda a perceber os "perfumes" que emanam da realidade criada por Deus e são capazes de libertar, curar, regenerar. Melhor ainda é propagar esses perfumes, agindo para que um mundo poluído pelos nossos erros volte a ser o jardim do Paraíso.

Em termos de paladar, saberemos escolher alimentos que façam bem ao corpo e à alma. Você sabia que há sentimentos que intoxicam o coração? A amargura, por exemplo, vai tomando conta de uma pessoa e contamina o ambiente familiar em que ela vive. Nem falemos do veneno que certas línguas espalham por aí, palavras mortíferas, caluniosas! Ao contrário, é preciso buscar a nutrição adequada para que saibamos perceber como os preceitos do Senhor "são [...] mais doces que o mel e que o licor de um favo" (Salmos 19: 11).

Por fim, o tato. É fundamental sabermos onde estamos pisando, porque podemos entrar em terreno movediço no qual iremos afundar. Costuma-se dizer que, diante de certas situações difíceis, devemos "agir com um pouco de tato", ou seja, convém perscrutar todas as possibilidades para não metermos os pés pelas mãos e não nos desviarmos dos rumos de Deus.

Todas as informações que chegam até nós pelos cinco sentidos nos ajudam a reencontrar a Verdade todos os dias e, consequentemente, a nos afastar dos erros. Os sentidos são as janelas da alma, e é por eles que devemos deixar a Verdade entrar e tomar conta de nossa existência.

Francisco amava a verdade

Um dos frades que seguiam Francisco, envenenado pela soberba, fez um voto de permanecer em absoluto silêncio. Não era a Verdade que o movia. Queria simular maiores santidade e perfeição entre os seus companheiros e ser admirado por sua abnegação.

Em poucos dias chegou aos ouvidos de São Francisco a história daquele homem. Um "homem muito santo", dizia-se, que estava em oração o tempo todo e, como forma de especial penitência, decidira não pronunciar palavra alguma até o fim de seus dias. Quando algum padre se oferecia para ouvi-lo em confissão, ele colocava o dedo sobre os lábios e balançava negativamente a cabeça.

"Se ele não quer confessar seus erros é porque alguma coisa quer esconder de Deus", advertiu Francisco. E, dito e feito, tempos depois aquele homem, que não queria encarar a verdade de sua vida, abandonou o caminho da santidade e nunca mais foi visto.

VIII

Onde houver desespero, que eu leve a esperança

Santo Agostinho, um dos maiores sábios do Cristianismo, afirmou que o desespero é a punição para aqueles que, voluntariamente, deixam de acreditar na verdade e no amor de Deus.

Para entender essa afirmação, pensemos em casos concretos da vida que podem nos levar ao desespero, e como é decisivo o nosso modo de reagir a essas situações em que um acontecimento inesperado nos "puxa o tapete" e nos joga ao chão.

Uma demissão involuntária, por exemplo. Sabe aquele emprego no qual você se empenhou ao máximo, sacrificando sua vida pessoal, passando várias noites sem dormir? Você fez de tudo para agradar seus chefes e, de repente, foi dispensado. Se você ainda não viveu essa triste experiência, certamente seu pai, sua mãe, um parente ou um amigo já passou por isso.

Outros enfrentam a notícia de uma doença grave. A consulta foi sendo protelada, embora os sintomas fossem preocupantes. Era o medo de que se confirmasse o pior. O médico analisa os exames e seu diagnóstico mais parece uma sentença de morte.

Há ainda aqueles que passam pelo término de um relacionamento que no começo era harmonioso, cheio de promessas felizes. De maneira súbita e inexplicável tudo chega ao fim. Parece que a pessoa amada se transforma. E é tanta a solidão que o mundo ao redor se torna pálido e sem graça.

Esses são apenas alguns exemplos de situações que nos surpreendem e nos fazem chorar lágrimas de sangue. Contudo, este é também o momento de nos perguntarmos: qual a melhor reação diante de um quadro que quer nos arrastar para o abismo da tristeza e do desespero?

Sofrer faz parte da vida e não adianta "fazer cara de paisagem", fingindo que nada está acontecendo. Isto seria "varrer a sujeira para debaixo do tapete". Um belo dia, porém, os entulhos assentados no fundo da alma emergem e o estrago está ainda maior. Não é por acaso que doenças cardiovasculares são uma das maiores causas de morte no mundo. Quem pensa ser uma fortaleza ambulante e guarda a dor dentro de si, achando que pode suportar seu peso sem problemas, um dia acabará esmagado, quando todo esse acúmulo de sofrimento vier à tona.

Chorar é natural e é uma forma saudável de acessar as camadas mais profundas da alma. Manifeste seus sentimentos. Confesse a sua dor. Pedra não chora. Computador não chora. Lágrima é "suco de gente". Jesus chorou ao perder seu amigo Lázaro e quando, em oração no Monte das Oliveiras, suplicava ao Pai que lhe desse forças para vencer a morte. Devemos assumir nossas limitações e fragilidades com o coração aberto.

Mas, além de chorar com humildade, o que mais podemos fazer? Permitir que a dor nos afogue nas águas do pessimismo? Abandonar tudo, desistir, "jogar a toalha"? Repetir para nós mesmos que reerguer-se é impossível, que tudo está perdido para sempre?

Não podemos mudar o que a vida nos reservou, mas temos capacidade, sim, de lidar com nossas perdas e frustrações. Quando o corpo e a alma padecem, a razão e a fé podem nos dar novas respostas.

Não por acaso, São Francisco fala de esperança. Esperar em Deus. Esperar o novo, o bem. Esperar a vida em abundância.

Esperança tem muito a ver com perseverança. Perseverar em Deus. Não se trata de esquecer o que vivemos e seguirmos como se nada tivesse acontecido. Podemos viver calejados, com cicatrizes na alma, algumas vezes com momentos de dor, mas nunca perder a esperança de que dias melhores virão.

A esperança não nos ilude, mas nos faz caminhar com serenidade, acreditando que novas possibilidades surgirão, como nos fazia ver o Papa Francisco quando ainda era bispo de Buenos Aires:

> "Caminhar, de certo modo, já é 'entrar' numa esperança viva. Assim como a verdade, a esperança é um dom que nos faz seguir adiante e nos convida a acreditar que cada novo dia trará consigo o pão necessário para a nossa subsistência."

Pensemos com realismo. É impossível que só nos cheguem más notícias. Mesmo que os seus objetivos demorem a se concretizar e esteja difícil suportar algum tipo de sofrimento, cada novo dia é um convite para você andar no caminho que leva para longe da dor e para perto de Deus.

A fé nos ensina que Deus não está indiferente aos seus filhos. Ele não está passeando por cima das nuvens do céu, distraído com o movimento dos planetas. Ele criou o mundo, mas não o abandonou à sua própria sorte. Está no comando da nossa vida e permite grandes ou pequenas dificuldades para que saiamos de nosso comodismo. Deus não é um carrasco. Ele é o Pai que torce por nós e quer sentir orgulho de nos ver superar obstáculos como viu o seu filho Jesus enfrentar a dor e transformar a cruz num sinal de vitória.

No momento em que nosso pensamento é iluminado por essas verdades da fé, começamos a entender que todos nós, independentemente da posição que ocupamos ou do papel que desempenhamos na vida, estamos num processo de evolução espiritual.

No momento em que passamos a ter essa consciência, começamos a entender que todos à nossa volta são pessoas como nós, em busca da própria evolução. E a melhor forma de evoluir é perseverar naquilo em que acreditamos. É ter paciência, o que não significa ficar de braços cruzados esperando que Deus faça o milagre do século. Não. Ter paciência é fazer tudo o que está ao nosso alcance, a cada dia, com a certeza de que, no tempo de Deus, o que parecia ser o fim da linha torna-se o começo de uma nova e maravilhosa etapa.

Superar e superar-se!

Se você se sente à beira do desespero, dê dois passos para trás. Reflita. Faça a si mesmo algumas perguntas: "O que me faz andar por aí de cabeça baixa? Qual é o peso que carrego nas costas a ponto de perder a confiança num futuro melhor? O que me impede de dar um basta nesse clima baixo-astral e começar a viver com novo ânimo?"

Cada um tem uma cruz para carregar. E algumas delas são terrivelmente dilacerantes. A mãe que vê o filho definhar numa cama de hospital sente uma dor tão grande que, por amor, seria capaz de trocar de lugar com ele para salvá-lo da morte. De certo modo, todas as vezes que perdemos alguma coisa é como se experimentássemos um pouco dessa dor. Sentimos então a tentação do desespero, de jogar fora todas as belas palavras do Evangelho e deixar que o desânimo nos devore por completo.

No entanto, é no próprio Evangelho que vamos encontrar o melhor exemplo de esperança: a comovente história de Maria. Ela mesma. A mãe de Deus. A mulher que viu seu filho ser brutalmente assassinado e nada pôde fazer para curar seus ferimentos ou evitar sua morte. Ela sentiu o maior dos sofrimentos e, mesmo assim, manteve-se de pé, com os olhos pregados na Cruz, acompanhando o suplício de Jesus.

O que podemos pensar e dizer diante do exemplo de Nossa Senhora?

Ela entregou a vida de seu filho e a própria vida nas mãos amorosas de Deus-Pai. Maria sabia que Jesus tinha uma missão a cumprir, e ela se uniu a Ele, ficando ao seu lado do princípio ao fim. Cristo veio ao mundo para nos trazer a grande esperança. Com Seu sacrifício, Ele nos disse que, se continuarmos ao Seu lado, nós alcançaremos a felicidade, aconteça o que acontecer.

Esta certeza foi o que manteve Maria firme, embora uma espada atravessasse o seu coração. E quando Jesus ressuscitou, diz a tradição cristã que Ele apareceu primeiro para a sua mãe. De certo modo, Maria morreu na cruz com Aquele que era carne de sua carne, e por isso também foi a primeira a ressuscitar de alegria ao ver Sua vitória.

Imitando Nossa Senhora, aprendamos com a cruz. A cruz se tornará uma escada, pela qual subiremos em busca de outro patamar espiritual. Em vez de sentir raiva ou tristeza, vamos experimentar uma alegria profunda e duradoura, baseada na verdadeira esperança, que é o próprio Cristo, "dom do Pai a toda a humanidade", como escreveu o Papa Bento XVI.

Siga em frente

Devemos ter esperança em Deus. Mas também Deus tem esperança em nós. Como Pai amoroso, quer nos ver superar as adversidades que surgirem ao longo do caminho. Ele tem esperança de que sejamos homens e mulheres de bem. Perceba a diferença que há entre as expressões "de bem" e "do bem". Sermos "de bem" significa não só que somos pessoas honestas, do bem, mas que também procuramos manter uma boa relação com tudo o que nos rodeia, transformando o mal em coisas boas.

A vida é feita de contrários. Só reconhecemos o doce porque já experimentamos o amargo. Saudamos a primavera depois de ter sentido muito frio no inverno e agradecemos a chegada do outono depois de um verão escaldante. Essa relação entre os opostos também se verifica na vida espiritual. Precisamos retirar forças da fraqueza e crescer em esperança na hora da angústia.

Não é à toa que a Oração de São Francisco é composta de palavras com significados contrários: luz e trevas, ódio e amor, ofensa e perdão, dúvida e fé. Essas antíteses nos mostram que podemos encontrar uma saída para os nossos problemas quando compreendemos melhor o que eles significam para nós. E, dessa forma, também nos tornamos propagadores da esperança.

Viver com esperança é ter paciência com tudo o que está ocorrendo. É aprender a respeitar o tempo de Deus, pois tudo, absolutamente tudo, acontece não na hora que você mais deseja, mas quando Ele define ser melhor para que algo se suceda. Respeite com humildade o tempo de Deus; lutar contra é querer suprimir a ordem das coisas, gerando apenas desgastes sem nenhum benefício.

Às vezes, as pessoas perdem a esperança e desistem de algo que estava prestes a se materializar. Perdem a esperança e se distanciam de Deus. Seja forte. Jamais desista dos seus sonhos, ou melhor, jamais desista de Deus e de você.

Mesmo nas situações mais difíceis, acredite: Ele está com você. Quando todas as tentativas parecem fracassar, Deus surge e faz o milagre.

Os problemas são um desafio para que vivamos uma esperança mais corajosa. Quando as soluções demoram a vir, é Deus nos dando a oportunidade de mostrarmos a Ele que, na dura lição da paciência, lutaremos para ser melhores daqui em diante.

Na verdade, Deus é que é paciente conosco. De que adiantaria, por exemplo, um novo emprego, melhor que o anterior, se ainda não superamos a preguiça? De que adiantaria um novo amor, se ainda não superamos o egoísmo? De que adiantaria sermos curados de uma doença crônica, se ainda não sabemos dedicar nosso tempo aos outros?

Na prática, isso significa que, ao longo da vida, temos de aprender a fazer de cada queda dolorosa um novo passo de dança. Foi o que Cristo fez. Transformou suas quedas até o Calvário numa subida em direção ao Céu. Essa escalada não é fácil, como não é fácil a existência de qualquer ser humano. Mas, como alpinistas da graça divina, precisamos seguir em frente. Do meio das sombras nascerá a luz. Na hora da dor, brotará a verdadeira esperança.

A esperança de Francisco

Com uma doença nos olhos contraída em sua passagem pelo Oriente, Francisco foi levado a um médico. Na época, fazia-se um tipo de tratamento muito doloroso, com ferro em brasa. Diante do sofrimento iminente, Francisco não entrou em pânico, mas dirigiu ao fogo as seguintes palavras: "Irmão fogo, seja meu amigo nesta hora, seja delicado, diminua um pouco o seu calor, para que queime com suavidade."

Depois daquela oração, aguardou corajosamente que o instrumento tocasse sua carne para a cauterização. Os outros frades que ali estavam saíram porta afora, com medo de verem aquela cena. Após a aplicação, voltaram, e Francisco os tranquilizou: "Na verdade, não senti nem o ardor do fogo nem dor alguma." E, voltando-se para o médico, disse: "Se ainda não queimou bem, pode aplicar outra vez!"

IX

Onde houver tristeza, que eu leve a alegria

A alegria que a Oração de São Francisco menciona é a mesma que encontramos na seguinte passagem da Sagrada Escritura:

> "Se, portanto, existe algum conforto em Cristo, alguma consolação no amor, alguma comunhão no Espírito, alguma ternura e compaixão, completai a minha alegria, deixando-vos guiar pelos mesmos propósitos e pelo mesmo amor, em harmonia buscando a unidade." (Filipenses 2: 1-2)

A maior de todas as alegrias emana do nosso encontro com Deus. Esse é o grande tesouro que devemos procurar e ao mesmo tempo distribuir entre os outros.

Mas essa alegria sobrenatural não se opõe às alegrias cotidianas, pelas quais também devemos agradecer a Deus. Essas podem ter causas diversas: uma promoção profissional, a possibilidade de realizar a viagem dos sonhos, o gesto carinhoso da pessoa amada, o sorriso de uma criança. A alegria é sempre um bálsamo que faz bem à alma. Quando a experimentamos, devemos nos aproximar ainda mais de Deus.

Assim como as alegrias terrenas, as tristezas possuem diversas origens, desde uma simples contrariedade até uma grande decepção ou perda. Podemos nos entristecer quando sofremos uma desilusão amorosa, quando deparamos com a conduta inadequada de um amigo ou até mesmo quando ouvimos um comentário indesejado de algum familiar. Isso e muitos outros contratempos podem fazer a tristeza entrar em nossa alma.

A intensidade da tristeza aumenta diante de situações mais traumáticas, como aquelas em que a pessoa é vítima da violência, num assalto ou num sequestro; a notícia inesperada de uma demissão ou o fracasso nos negócios; uma enfermidade ou a perda de um ente querido.

Há também aquela tristeza silenciosa, que se manifesta e não sabemos ao certo de onde vem. Uma tristeza indefinida que nos consome e que nos deixa, sem percebermos, cada vez mais retraídos, calados. Nesse estágio, é grande o risco de desenvolvermos um quadro de depressão, doença para a qual os médicos vêm chamando cada vez mais a nossa atenção. Sua ocorrência tem sido tão expressiva que muitos a chamam de "o mal do século XXI".

Esta companheira sinistra, a depressão, possui uma natureza patológica e requer tratamento médico. Pode ser leve, moderada ou severa, e seu diagnóstico depende dos sintomas presentes, os quais podem ser identificados e tratados com ótimas perspectivas de cura. O importante é prestar atenção aos primeiros sinais e procurar ajuda o quanto antes. Assim como a felicidade ilumina o semblante de uma pessoa e todos conseguem identificá-la, a depressão também deixa suas marcas: "Um coração contente alegra o rosto; com tristeza, o espírito se abate" (Provérbios 15: 13).

Mas o que está acontecendo para que as pessoas sintam tanta dor e acabem encurraladas em si mesmas?

A tristeza passageira é uma reação normal diante dos reveses da vida. Estranho seria se nada nos abalasse, o que poderia configurar um estado de psicopatia. Os psicopatas apresentam alterações na região do cérebro responsável pelas emoções, e por isso são capazes de mentir sem qualquer remorso. Alguns podem até matar friamente como se fosse a coisa mais natural do mundo. Mas, no caso das pessoas comuns, as emoções estão intactas e somos afetados negativamente por algumas coisas que ocorrem à nossa volta.

Por exemplo, para alguns, quando o seu time de futebol perde ou é rebaixado, a tristeza se instala. Contudo, futuras vitórias em novos jogos espantam a tristeza na mesma hora. Da mesma forma, quando temos uma festa para a qual nos preparamos durante todo o mês e, por obra da Lei de Murphy, desata a chover forte no dia, ficamos desolados. Mas a tristeza desaparece, pois acabamos percebendo que a alegria de estar com pessoas queridas é muito maior do que qualquer tempestade inoportuna.

Mesmo aquela tristeza motivada por acontecimentos mais graves em algum momento irá ceder. Pode durar dias, semanas e até meses, mas não se estenderá para sempre. Em geral, tudo depende da capacidade de resiliência e da fé de cada um. Ter que lidar com a morte é sempre muito difícil e sentir-se triste por isso é uma reação mais do que legítima.

Vale lembrar que, embora nos faça sofrer, a tristeza tem uma característica ímpar de tornar nosso coração mais compassivo. Quando estamos tristes, mergulhados em nossos sentimentos, realizamos reflexões mais profundas. Por isso, podemos afirmar que a tristeza ensina, e muito. Ela desperta a voz do silêncio que vem e toca nosso espírito para que possamos aprender com a experiência e nos tornar melhores, crescendo em nossa fé.

A propósito, é no plano da fé que iremos superar os momentos tristes. Aproximar-se de Deus é algo que os próprios cientistas já reconhecem como fator de superação de traumas e sofrimentos. Por isso, faça como a Oração de São Francisco recomenda: onde houver um pontinho de tristeza dentro de você, esforce-se por levar a alegria. Não se deixe abater pela melancolia. Antes, deixe Deus agir em você, e o alívio chegará na hora certa. A presença Dele nos guiará suavemente pelo caminho correto. A luz divina produzirá o mesmo efeito que a brisa suave no verão e a chama ardente na lareira durante o inverno. Ela é o farol que nos guia num mar de tormentas.

Deixe essa força acolher seu coração, sustentar sua alma e o alívio das dores virá mais depressa do que você imagina.

Encontre a chave da alegria

Se você está triste por algo que se repete em sua vida, significa que precisa aprender uma lição e evoluir. Às vezes, ressignificar um acontecimento que lhe causou tristeza poderá fazer com que ele não seja mais motivo de tanto desconforto.

Pense no caso daquela pessoa para quem o trabalho se tornou motivo de sofrimento e, no domingo à noite, já muda de humor só de pensar que no dia seguinte estará num lugar que tanto a desagrada. Pode ser uma situação específica, um problema de relacionamento com um superior ou algum colega de equipe, não importa, o fato é que a pessoa não está mais realizando sua atividade com o mesmo prazer de antes, e só não pede as contas porque precisa muito da remuneração no fim do mês.

Ora, em vez de engolir sapos durante os cinco dias da semana, para vomitar tudo no sábado e no domingo, por que não fazer algo para mudar a situação? Aproveite o fato de não estar na zona de conforto e tome uma atitude. Não se trata de bater de frente, entrar em confronto, até porque isso poderia trazer mais prejuízos que benefícios, mas de decidir que essa situação não vai durar por muito tempo e fazer algo para mudar.

Tenha a certeza de que, ao ressignificar essa situação, toda a sua energia até então minada pela tristeza reaparecerá e será canalizada para conseguir algo melhor. Pode parecer surpreendente, mas em alguns casos a mudança produz resultados tão poderosos que a pessoa acaba descobrindo que nem precisa sair do emprego: tudo é resolvido com uma simples mudança de setor, às vezes nem isso. O lugar certo era aquele mesmo, só estava precisando ser conquistado.

Ajustar nossa forma de lidar com os problemas equivale a encontrar a chave da alegria, aquela que abre a mente e a alma para a luz de Deus, fazendo com que encontremos as soluções mais interessantes para a nossa vida. Além disso, amplia nossa consciência para identificarmos o que realmente importa.

A vida está cheia de possibilidades, e você pode descobrir novos sentidos, aprofundando-se no entendimento das suas inquietações, com a firme esperança de que dias melhores virão. Haja o que houver, não podemos esquecer: "Se de tarde sobrevém o pranto, de manhã vem a alegria" (Salmos 30: 6).

Por isso, encha seu coração de amor e diga para si mesmo: "Eu quero ser feliz agora." Não tenha dúvida, você é muito mais forte e poderá ser muito mais feliz do que é capaz de imaginar.

Seja um vetor da alegria

A alegria que buscamos para nós não pode se tornar uma obsessão egoísta, ou tudo irá por água abaixo. Aliás, a sensação gratificante de ver a alegria dos outros é o começo daquela alegria sobrenatural de que falávamos há pouco, e que é o ponto principal deste verso da Oração de São Francisco: "Onde houver tristeza, que eu leve a alegria."

Pense no que representa para uma criança que está doente num leito de hospital receber a visita alegre e desinteressada dos Doutores da Alegria. Ganhar a vida como palhaço em um circo é um trabalho nobre, pois ajuda a difundir a alegria para um grande número de pessoas, mas aquele que trabalha em um hospital faz algo ainda maior, porque produz alegria em meio à tristeza, como a flor de lótus nascida nas águas de um pântano, ajudando a realizar a missão que Deus nos deixou.

A tristeza pode ser uma fonte de aprendizado, mas a alegria também o é, e muito maior. Quando estamos felizes, produzimos hormônios naturais que reforçam nosso bem-estar. Alegria é saúde. A endorfina, por exemplo, contribui para melhorar as defesas do organismo e o sistema circulatório. Os ganhos são tantos que nosso corpo faz de tudo para prolongar esse estado prazeroso. Se o organismo aprecia a alegria, imagine as pessoas que estão ao nosso lado! Uma pessoa alegre é capaz de contagiar a todos.

Nas empresas, é muito comum haver alguém que se destaca por ser mais solto, divertido e por deixar o ambiente alegre e descontraído. E, quando essa pessoa falta, parece que o dia não passa. Na família e com os amigos também é assim; a quantas festas nós vamos e queremos sentar à mesa com uma determinada pessoa só para rirmos um pouco, esquecendo por um momento as dificuldades e tristezas da vida?

A alegria verdadeira massageia a alma. Ela nasce dos valores de Deus e conforta nosso espírito. Esse é o estado que devemos buscar para nós e desejar para os outros. A alegria verdadeira fica impregnada em nossa alma para todo o sempre. Por isso, esteja aberto para que ela possa brotar em sua alma. Que a felicidade seja o pão nosso de cada dia.

A alegria perfeita

Conversando certa vez com Frei Leão, um de seus companheiros, Francisco de Assis confidenciou: "Frei Leão, sabe qual é a alegria mais perfeita? Não, não é a alegria de curar enfermos e fazer milagres, não é a alegria de estudar e ser sábio nem a de conhecer a alma humana e prever o futuro. A alegria perfeita não estaria em que todos os homens e mulheres, entre os quais bispos e reis, tocados pela graça de Deus, se despojassem de seus bens e viessem participar de nosso caminho. Não, Frei Leão, a alegria perfeita é estar com Jesus Cristo crucificado, é sofrer por Ele todo tipo de injúrias e necessidades, sabendo que seremos acolhidos por Deus-Pai por toda a eternidade. Guarde isso, Frei Leão, esta é a alegria perfeita!"

X

Onde houver trevas, que eu leve a luz

As trevas mencionadas na Oração de São Francisco se relacionam com os momentos mais difíceis de nossa vida. Sabe aquelas vezes em que nos sentimos totalmente perdidos? Sem ânimo para prosseguir? Com a certeza de que os problemas não têm solução? Ou com a sensação de estarmos sozinhos, em plena escuridão, e de que não há ninguém capaz de nos ajudar?

Sim, esses momentos existem, e atingem qualquer um de nós. Fazem parte do nosso cotidiano. Uma demissão que se prolonga em meses sem trabalho. Aquela dorzinha incômoda que era o primeiro sintoma de uma doença grave. O receio de perder uma pessoa querida que se intensifica numa consulta médica, trazendo a angústia da solidão futura. As trevas se referem também à nossa cegueira diante da escuridão que essas tribulações provocam ao nosso redor.

Mas pode ter certeza: não há uma só pessoa no mundo que não passe por grandes dificuldades ao longo da vida. A questão é aprendermos a lidar com elas. Muitos ficam olhando para trás e para os lados, não encontram uma forma de equilibrar-se e caem. Outros olham para cima, suplicam o auxílio de Deus, mas não se tornam aptos a receber a ajuda divina, porque ainda continuam agarrados às suas preocupações, mergulhados em sua aflição.

Então qual será a saída? Como nos libertaremos das trevas? A solução está exatamente na segunda parte do verso: "que eu leve a luz". E para que alguém seja capaz de "levar a luz", ele necessita, antes de tudo, buscá-la e encontrá-la.

Perceba que a palavra "trevas" está no plural, e isso não é por acaso. Existem muitos tipos de treva. Podemos ser envolvidos pelas trevas da calamidade, da derrota, da calúnia, da traição, da decepção, do fracasso, da pobreza extrema.

Já a palavra "luz" está no singular. Portanto a luz é uma só, e vem de Deus. E Ele – que em Sua infinita misericórdia entregou Seu filho para nos salvar – está sempre olhando por nós:

> "O Senhor é o meu pastor, nada me faltará. Ele me faz descansar em verdes prados, a águas tranquilas me conduz. Restaura minhas forças, guia-me pelo caminho certo, por amor do seu nome. Se eu tiver de andar por vale escuro, não temerei mal algum, pois comigo estás." (Salmos 23: 1-4)

Quando os pensamentos de tristeza e angústia se fixarem em sua cabeça, produzindo a escuridão do medo, lembre-se do amor incondicional de Deus e procure por Ele. No meio da escuridão, Deus nos envia a luz, capaz de nos trazer uma incrível renovação interior, gerando novas forças e fazendo com que a esperança esteja sempre presente em nossa vida.

Acredite!

No meio das trevas, não vale a pena perder o controle e ficar dando pontapés e socos contra o vazio. A primeira providência é manter a calma. Não se desesperar.

Respire fundo. Use a memória para redescobrir os pontos de luz que já brilharam no seu passado. Lembre quantas provações você já enfrentou e superou. Recorde-se dos momentos ruins, que foram apenas isto: momentos, fases, um espaço de tempo. Foram períodos passageiros, como as tempestades. "Não há mal que sempre dure", diz a sabedoria popular. As trevas do passado já foram embora e as trevas de hoje vão desaparecer também. E, quando se dissiparem, você verá que as ameaças ao seu redor eram muito menores do que os perigos forjados pela imaginação.

Acredite no amor de Deus por você. Antes mesmo que os seus problemas aparecessem, Deus já havia pensado numa solução para o momento certo. Deus criou este mundo maravilhoso e complexo, repleto de animais, aves, insetos e peixes, e essa riqueza deixa todos os cientistas admirados. Se assim é, você não terá nenhuma dificuldade para agir em sua vida, mesmo que pense que as coisas estão complicadas demais. Para Deus nada é complicado. Nada é impossível. Mas não devemos nos lembrar disso apenas nos momentos de apuros. A busca da fé e da paz deve ser constante.

Em outras palavras, isso significa que para estarmos em comunhão com Deus e entrarmos em contato com a sua luz não devemos apenas rezar de vez em quando, em ocasiões específicas ou na hora do desespero. Nossos olhos estarão sempre abertos para a eterna luz de Deus se adotarmos todos os dias uma postura coerente com as verdades da fé, em pequenas coisas, nos menores gestos, na rotina do trabalho e da escola, na volta para casa, em todos os momentos.

Pense no exemplo do Sol, que nasce todos os dias, emanando luz e calor, fontes de vida para o planeta e para tudo o que nele habita. Mesmo quando o céu se apresenta cheio de nuvens, o Sol está lá em cima, brilhando. Assim deve ser a nossa disposição. Vejamos algumas atitudes para todas as ocasiões da vida:

* Cultive pensamentos iluminados. Jesus disse: "A lâmpada do corpo é o olho: se teu olho for límpido, ficarás todo cheio de luz" (Mateus 6: 22).

Olhe o mundo com a mente aberta, procurando sempre os sinais de beleza e bondade.

* Use melhor a luz da inteligência. "A sabedoria ilumina o rosto da pessoa e abranda a dureza de seu rosto" (Eclesiastes 8: 1). Quando pensamos com calma e clareza, abrimos caminho para a paz, que nos ajuda a tomar decisões acertadas.
* Não troque ideias sensatas por lamentos enlouquecidos. Reclamar de tudo, culpar-se o tempo todo, acusar os outros constantemente, tudo isso só aumenta a escuridão. Peça conselhos a pessoas amigas e maduras, em quem você confie. Elas poderão lhe transmitir ideias luminosas para o seu cotidiano.
* Acenda a luz divina. "Deus é luz e nele não há trevas" (1 João 1: 5). Abra os ouvidos para as inspirações divinas que são enviadas todos os dias, através de uma leitura, de um acontecimento, de alguns minutos de meditação.

Nunca desista

Não desistir é um modo concreto de acreditar. Acredite nos seus sonhos. Lute por eles. Combata a tentação de desistir no meio do caminho, que vem de mãos dadas com uma série de medos nascidos talvez em nossa infância: medo do que os outros vão dizer, medo do futuro, medo do novo, medo de errar, medo de mudar...

Quando vemos a luz, que nos envolve e nos protege, ganhamos um novo impulso de confiança em nós mesmos.

A luz de Deus vem sempre na hora certa. Somos então curados da cegueira espiritual e percebemos que o beco sem saída tem saída!

As trevas do desemprego podem ser dissipadas quando decidimos usar talentos que estavam esquecidos. Uma pessoa com talento para desenhar, por exemplo, mas que nunca pensou em explorar essa habilidade, passa a produzir obras de arte que podem ser comercializadas. Outra pessoa, que sabe cozinhar muito bem, descobre que pode dedicar-se a essa atividade profissionalmente. Todos nós possuímos luzes ocultas que teimam em querer brilhar.

Toda doença escurece o horizonte. Uma doença grave nos assusta, o que é natural. Mas também nessa situação podemos ter uma reação espiritual positiva, que vai estimular as defesas físicas e ajudar o organismo a se recompor. Nossa capacidade de recuperação corporal, além de todos os tratamentos médicos, depende de nossa bravura espiritual, que nos fará repensar nosso estilo de vida: incorporar hábitos alimentares mais saudáveis, abandonar algum vício, equilibrar trabalho e descanso etc.

A solidão e suas trevas também representam uma dura lição, mas ela é necessária para a nossa evolução espiritual. Nossa vida afetiva ficará mais iluminada quando ampliarmos nosso grupo de amigos, cultivando as amizades com mais respeito e carinho. As perdas e desilusões deixarão de ser uma catástrofe. Saberemos assimilar a dor e abrir o coração para novas experiências.

A Oração de São Francisco nos instila coragem nas situações críticas e propõe um desafio com base numa certeza: a hora das trevas é também a hora da luz. É justamente quando chegam os piores momentos que devemos tomar uma atitude, engolir as lágrimas, respirar fundo e intensificar a chama da nossa fé. O desafio consiste em combater as trevas com total confiança em Deus e com o pensamento de que Ele também espera muito de nós.

A luz de Deus vem do Alto e se manifesta em nós como lucidez. Tudo depende da ação de Deus, por um lado, mas também da nossa disposição para lutarmos contra o medo que nos paralisa. A oração leva a uma ação que colabore com a graça de Deus. Você não pode fazer nada sem Deus, mas Ele não realiza tudo sozinho, por isso nos deu a capacidade de fazermos escolhas.

Na hora das trevas, não conseguimos discernir as formas e cores. Tudo está envolto em sofrimento e maus presságios. No entanto, basta um pequeno raio de luz para fortalecer nossa vontade de lutar e sermos felizes. A luz da fé abre espaço para o otimismo, que sussurra aos nossos ouvidos: "Tudo está ameaçado, mas nada está perdido."

Mesmo que seja pequena, a luz é mais forte do que todas as trevas juntas. O silêncio das trevas é torturante, mas a luz nos diz com firmeza que a situação vai melhorar em breve, que coisas novas vão mudar esse panorama sombrio. Se as trevas nos deixam imobilizados, a luz nos indica novos caminhos e nos convida a caminhar com rapidez.

O medo provocado pelas trevas é afugentado pela beleza da luz de Deus. Não temos o direito de desistir. Ao contrário, temos o dever de ir em busca da luz, para levá-la todos os dias a todos os lugares. A luz de Deus espanta toda e qualquer escuridão e nos faz enxergar soluções para o que parecia impossível.

A luz de Francisco

Um grande amigo de Francisco de Assis sofria de angústia espiritual. Era perseguido dia e noite por tentações e pensamentos de desespero, e não sabia o que fazer para se livrar deles. Vivia preocupado, amedrontado, mergulhado em trevas. Já havia conversado com várias pessoas, recebido diversos conselhos, mas não conseguia se tranquilizar.

Certo dia, esse homem se reencontrou com Francisco. Antes de lhe contar qualquer coisa, ouviu suas palavras iluminadas: "Irmão, conheço os seus pensamentos e sei que está à beira do desespero. Mas eu lhe digo: não tenha medo. Nenhuma dessas preocupações irá se concretizar. Todas as vezes que se sentir angustiado, reze sete vezes o pai-nosso e a paz voltará ao seu coração."

O homem ficou perplexo pelo fato de Francisco ter adivinhado os seus pensamentos e temores. Admirou-se também com a firmeza da voz de seu amigo, que deixava transparecer a convicção profunda de que Deus é Pai e cuida de todos os Seus filhos. Colocando em prática aquela orientação, em poucos meses ficou livre das excessivas preocupações e recuperou a paz de espírito.

XI

Ó Mestre, fazei que eu procure mais

A pequena palavra "mais" nos convida a realizar grandes tarefas. Como discípulos de um Mestre que fez tudo por nós, que deu a sua vida por amor, precisamos aprender com Ele a agir com mais frequência e com mais intensidade a favor do bem.

Nós só descobrimos quão limitados somos quando nos esforçamos para ir um pouco mais além. Com humildade, pediremos ao Mestre que nos ajude a vencer essas limitações. E Ele nos ajudará a superar nosso egoísmo. É um caminho longo. Teremos que nos transformar em peregrinos que não desistem facilmente. Mas, caminhando com o Mestre ao nosso lado, a Sua companhia tornará a caminhada mais leve e seremos verdadeiros instrumentos de Sua bondade.

A essência do comodismo é o egoísmo. O egoísta não se comove com as dificuldades dos outros. Pensa exclusivamente nas próprias carências e nos próprios problemas. Não percebe, porém, que isso o coloca no mundo do "menos" e o afasta do mundo do "mais". Instalado no mundo do "menos", o egoísta não quer servir, mas ser servido; não gosta de ajudar, mas adora ser ajudado.

A lógica do egoísta o leva a diminuir e desprezar o sofrimento alheio. As reclamações dos outros parecem exageradas. O egoísta está sempre cansado demais para ouvir os outros. Os ouvidos egoístas estão fechados para as dificuldades gritantes das outras pessoas. Os olhos egoístas também estão fechados para o sofrimento de quem chora ao seu lado.

De ouvidos e olhos tapados, encerrado em si mesmo, o comodista vai se tornando cada vez mais insensível. Sua pele e sua alma vão ficando cheias de calos e espinhos. O comodista se defende do mundo. Não quer saber das queixas e dos pedidos de ajuda que se ouvem nos hospitais, nos asilos ou mesmo dentro de casa. Não levanta um dedo para auxiliar ninguém. Não sabe o que é solidariedade e não tem a menor curiosidade em consultar o dicionário do amor. Não quer saber o significado dessa palavra nem de outras como: "doação", "altruísmo", "cooperação" e "abnegação". Essas palavras lhe parecem verdadeiros palavrões.

Tamanha insensibilidade levará o comodista ao isolamento, e um dia ele acabará sofrendo as consequências de seu egoísmo. E uma vez que se afastou dos outros, para não ter que ajudar ninguém, também não terá ninguém ao seu lado quando precisar de ajuda. A lógica do egoísmo difunde o reino do egoísmo. Quem procura o "menos" terá cada vez menos. Mas quem procura o "mais" terá mais alegria, mais amigos e mais amor.

A Oração de São Francisco nos oferece essa lógica do "mais". Quer a nossa cooperação para criarmos o reino da convivência humana e amiga. Temos de abrir os nossos sentidos para ouvir, ver e tocar o sofrimento do outro.

Ao pedirmos ao Mestre que nos faça viver a lógica do "mais", já estamos praticando a recomendação divina. Por ter superado todos os limites humanos para obedecer à vontade do Pai, Jesus venceu a morte e mostrou-nos a Sua face divina.

Fazer mais é sair de si mesmo, abrir a alma para a realidade do outro. Menos palavras e mais ações. Menos acusações e mais compreensão. Quando alguém está sofrendo ao nosso lado, precisa ser tocado pela nossa sensibilidade. Precisa ser abraçado pela nossa generosidade.

Fazer mais é vencer nosso egoísmo e, portanto, vencer os limites que nos tornam pessoas menores do que realmente somos. Uma pessoa que quer fazer mais vai ao encontro dos outros com a vontade firme de ajudar. Essa vontade se traduz em coisas concretas: doar sangue periodicamente, acompanhar um doente em suas noites de solidão, ouvir um amigo e ficar ao seu lado na hora da dor, participar de associações que cuidam dos mais necessitados e desassistidos etc.

Na lógica do "menos", quem faz menos experimenta uma paz aparente, falsa. O egoísta se sente protegido por sua carapaça e por isso consegue dormir o melhor dos sonos. As dores dos outros não atingem a sua indiferença. Para ele, o mundo dos outros não existe. Logo, nada pode perturbar a sua "tranquilidade".

Na lógica do "mais", ao contrário, não ficamos tranquilos enquanto não tomamos a decisão de sentir um pouco a dor dos que nos cercam. E ao sair de nosso egoísmo começamos a experimentar um pouco da plenitude que faz do Mestre o nosso maior modelo de vida.

Quando Jesus voltou das profundezas da morte, foi ao encontro dos Seus discípulos. E a primeira coisa que disse foi: "Estejam em paz!" Jesus tinha vencido a morte, e essa vitória o fazia um distribuidor da verdadeira paz. É esta a paz da qual seremos instrumentos. Uma paz que se multiplica entre todos aqueles que vão ao encontro dos outros para matar o egoísmo e ressuscitar o amor.

Seja mestre para os outros

O Mestre nos ensina a sermos mestres. Todo bom discípulo deve colocar em prática os ensinamentos que recebeu, tornando-se um exemplo e um estímulo para outras pessoas.

Disse Jesus: "O discípulo não está acima do mestre; todo discípulo bem formado será como o mestre" (Lucas 6: 40). A oração nos ensina a sermos mestres de novos discípulos.

Devemos levar a fé a quem duvida, ensinando a importância dos valores humanos e cristãos. Devemos levar a luz para quem está nas trevas, ensinando as pessoas a serem mais otimistas e criativas. Somos ensinados a levar o perdão a quem vive num ambiente de ofensas, violência e vingança.

Toda profissão tem uma dimensão voltada para o ensino. Um bom líder dentro de uma empresa sabe ensinar mais do que simplesmente cobrar, ordenar ou dar broncas. O toque de mestre de um bom profissional da área da saúde consiste em nos ensinar a prevenir doenças. Um bom taxista nos ensina os melhores caminhos para as próximas corridas. Ser mestre é fazer um pouco mais do que as obrigações básicas.

A missão da mãe e do pai é a de serem mestres de vida. O bem mais precioso que um filho pode receber dos pais, além do próprio dom de viver, é aprender com eles a ser mais humano. Em família, podemos ensaiar os papéis que vamos desempenhar na sociedade. Sendo solidários com nossos irmãos, aprenderemos a ser solidários com todas as outras pessoas. Sendo compreensivos dentro de casa, aprenderemos a praticar a compreensão na escola, na faculdade, no trabalho etc.

Para você se tornar mestre ou mestra de outras pessoas, deve conversar com o Mestre, cuja doutrina de amor transforma a face da Terra. Rezar ou orar são formas de ouvir, no íntimo do coração, as palavras de sabedoria que vêm do Céu.

Procure até achar

Ao pedir a Deus, nosso Mestre, que nos faça procurar a lógica do "mais", estamos reconhecendo a necessidade de ser protagonistas de nossa história. Deus nos dá a inspiração para agir, mas somos nós que temos de levá-la para todos os lugares que frequentamos.

O ato de procurar implica uma vontade forte. Com certeza você já viveu situações em que buscou alguma coisa. Você precisava conseguir um emprego, conquistar uma vaga na faculdade, aproveitar uma oportunidade, e ia atrás desses objetivos com unhas e dentes. Dormia e acordava pensando nessa busca. Traçava planos e ia à luta. Isso significa procurar de verdade. E quem procura desse modo sempre encontra.

Até este momento da Oração de São Francisco, fizemos afirmações corajosas. Queremos levar a luz e o perdão, a fé e a união, a verdade, a esperança e a alegria aos lugares onde imperam as trevas, o ódio, a ofensa, a dúvida, o erro, a discórdia, a tristeza e o desespero. Este é um programa de vida elevado, que requer a nossa determinação. São valores positivos que nos conduzem a um mundo novo, mas precisamos realizar um esforço especial para difundi-los. Temos de nos lançar de corpo e alma. Onde vamos encontrar a força necessária para dar todos os passos em busca desse "mais"?

Para fazer mais e melhor, para somar e ajudar, nós temos que sair do lugar-comum daqueles que dizem, por exemplo, "se eu não pensar em mim, quem é que vai pensar?" Aqui está o segredo. Na vida do Mestre, Ele pensou exatamente o contrário: "Se eu não pensar no outro... quem é que vai pensar?" A lógica do "menos" é a obsessão pelo "mim". A lógica do "mais" é fazer a diferença, sem medo de sair perdendo.

Já vimos que os instrumentos de Deus nunca saem perdendo. Quem procura a verdade ficará com o coração repleto de verdade. Quem procura amar, encontrará mais amor. A prova disso é a própria história de Jesus. Este homem que viveu faz dois mil anos, numa região periférica do Império Romano, e morreu pregado na cruz como o último dos criminosos é e sempre será o ser mais amado e admirado da história humana.

Milhares de pessoas deram a vida em nome de Jesus. Autores de todos os tempos dedicaram seus melhores esforços para escrever sobre ele, a favor ou contra sua doutrina, mas sempre em referência ao homem de Nazaré. O irlandês Emmet Fox, um dos maiores escritores sobre espiritualidade do início do século XX, afirmou num de seus trabalhos mais famosos, *O sermão da montanha*:

> "Jesus Cristo é, sem dúvida alguma, a figura mais importante que já surgiu na história da humanidade. Você pode encará-lo dos pontos de vista mais diversos, mas terá de concordar com isso; chame-o de Deus ou de homem, considere-o o maior Profeta e Professor – ou Mestre – do mundo, ou apenas um fanático bem-intencionado, cuja curta e atribulada carreira pública terminou em dor, em fracasso e em ruína. Qualquer que seja a maneira de você o encarar, o fato é que a vida e a morte de Jesus, tal como os ensinamentos a ele atribuídos, influenciaram o curso da história mais do que qualquer outro homem."

Todos nós temos o dever e o direito de ser mais do que somos. Mas o melhor caminho não é o mais curto. O caminho do egoísmo é curto e leva ao abismo da solidão. O melhor caminho é o da generosidade. E então chegaremos ao grau mais elevado de nossa própria dignidade de filhos de Deus.

Como Francisco imitava o Mestre

Na história de Francisco de Assis, um dos episódios decisivos de sua conversão foi o encontro com um hanseniano.

Os portadores de lepra sofrem e se sentem desprezados. A maioria das pessoas tem medo de se contagiar e por isso evita o contato com uma vítima da hanseníase. O jovem Francisco, antes de começar a viver os ensinamentos e conselhos do Mestre ao pé da letra, tinha horror só de imaginar a possibilidade de ver um hanseniano. Contou o próprio Francisco que quando "via as casas onde os leprosos moravam a uma distância de quase cinco quilômetros, tapava o nariz", temendo sentir algum mau cheiro.

Porém, certo dia, ao encontrar em seu caminho um desses homens com a pele castigada pelo destino, desceu do cavalo, foi ao seu encontro, abraçou-o e o beijou. A partir daquele momento, quebrou um tabu em sua vida. Aderiu à lógica do "mais". Venceu o medo de se aproximar dos outros, fosse quem fosse. Imitou desse modo o Mestre Jesus, que tocava os leprosos que iam ao seu encontro implorando-lhe atenção e compaixão.

XII

Consolar que ser consolado

A Oração de São Francisco, em sua extrema simplicidade, guarda um segredo que precisamos descobrir: para sermos realmente felizes, temos que tomar a iniciativa do amor. E entre as muitas formas de amar está o "consolar".

Consolar é animar e dar coragem; estar ao lado da pessoa que sofre, aconteça o que acontecer; não deixar o outro sozinho; buscar os que se sentem desprezados e lhes dizer que não devem desanimar jamais.

Por vezes, nós nos sentimos tristes, injustiçados, sem oportunidade na vida, e ficamos esperando que alguém venha em nosso auxílio. Esquecemos, porém, que sempre há alguém em situação pior do que a nossa. E que, se fôssemos ao encontro desse alguém, perceberíamos que o nosso maior consolo está precisamente em consolar os mais necessitados.

Mesmo no momento de maior desamparo, Jesus olhava para os outros e queria ajudá-los de algum modo. Morrendo na Cruz, esqueceu os Seus terríveis sofrimentos, olhou para Maria e se preocupou com ela. Quem daria abrigo para a Sua mãe dali para a frente? Quem cuidaria de uma viúva cujo único filho estava prestes a partir deste mundo? Então, vendo que o Seu discípulo João também estava ali, disse-lhe: "João, eis aí a tua mãe." E disse a Maria: "Mãe, eis aí o teu filho."

Quem tem essa fina sensibilidade para o sofrimento alheio sempre inventará novas formas de consolar e ajudar; não descansará enquanto não aliviar as dores dos outros; não ficará esperando que alguém peça socorro; e se manterá de olhos e ouvidos abertos para quem passar em seu caminho.

Certa vez, uma moça que trabalhava como voluntária num brechó beneficente viu entrar na loja uma senhora bastante obesa. De imediato, sentiu o coração apertar, pois sabia que aquela cliente não encontraria ali nenhuma peça cujo número correspondesse ao que ela usava. A senhora começou a percorrer as araras em busca de algo, e era visível como ia entristecendo cada vez mais. Não havia nenhuma roupa do seu tamanho.

Sem saber como agir, a atendente pediu a Deus que lhe desse a sabedoria necessária para fazer alguma coisa antes que a cliente saísse dali humilhada e constrangida. Então aconteceu o que ela mais temia. A senhora foi ao seu encontro e, com o olhar triste, disse, meio sem graça: "É... não tem nada grande, não é?"

Nesse momento, a moça simplesmente abriu os braços e lhe respondeu: "Quem disse que não? Claro que tem! Olha só o tamanho deste abraço!" E as duas se abraçaram demoradamente. Tomada pelas lágrimas, aquela senhora lhe confessou: "Sabe, fazia muito tempo que ninguém me dava um abraço!" E, chorando como uma criança, completou: "Não achei o que eu estava buscando, mas acabei encontrando aquilo que eu mais precisava."

Para consolar e ajudar os outros não precisamos ter muitas posses, mas ser ricos em criatividade. Uma criatividade amorosa que se aprende com a leitura do Evangelho, que deve ser acompanhada por uma firme decisão.

Nosso dia a dia é sempre muito corrido, e na maior parte do tempo não enxergamos os outros. Levados pela necessidade de sobreviver, competir e vencer, nós buscamos o sucesso a todo custo. Desde muito cedo, na nossa família talvez, na escola ou no nosso primeiro emprego, o discurso da competitividade tornou-se uma espécie de dogma, de regra de vida. Na ânsia de pular os obstáculos dessa corrida egoísta, não damos atenção a quem caiu. Que vença o melhor! E que os mais fracos fiquem para trás!

O problema é não nos darmos conta de que esse sucesso é ilusório. Depois que uma pessoa passa a vida lutando, e finalmente ultrapassa a tudo e a todos, o que ela encontrará ao seu redor? Os que ela suplantou, obviamente. Não encontrará nem amigos, muito menos irmãos. Estará no primeiro lugar. No primeiro lugar da solidão...

Segundo a lógica do amor, estar em primeiro lugar é correr para ajudar os outros. Temos de superar a mentalidade do darwinismo social, em que os mais fortes devem devorar os mais fracos. Seremos pessoas realmente evoluídas se soubermos inaugurar uma nova maneira de conviver. Jesus não escolheu os mais ricos e poderosos para integrar sua "equipe". Escolheu pessoas comuns, com defeitos e limitações. E soube extrair delas uma coragem e uma capacidade de entrega que nenhum imperador ou líder religioso da época possuía.

Leve consolo a alguém

O consolo que devemos praticar não se confunde com sentir pena dos outros. O que realmente ajuda as pessoas é fazer com que elas vençam o vitimismo e se descubram como filhas e filhos de Deus, repletos de possibilidades. Não há nada pior do que tentar ajudar as pessoas sem lhes dar, ao mesmo tempo, a oportunidade de descobrirem os talentos que Deus lhes concedeu. Ao consolar os outros, é preciso mostrar que eles possuem capacidades ocultas que precisam ser ativadas.

Neste sentido, consolar não é apenas estender a mão ao necessitado, mas fazê-lo perceber que tem forças suficientes para segurar a nossa mão com firmeza e aceitar a nossa ajuda de modo ativo e participativo. Jesus chamou Lázaro para fora do túmulo, operando a ressurreição de seu amigo, mas este também precisou se mexer e sair para a luz, depois de quatro dias na escuridão da morte, com as mãos e os pés atados.

Veja quantas pessoas com limitações físicas se superam e se tornam um exemplo de dedicação e de luta. Um nadador sem braços e sem pés, competindo em jogos paraolímpicos, bate recordes que a maioria de nós jamais atingiria. Com o estímulo da família, a orientação de um bom treinador e o apoio de patrocinadores, esses lutadores conquistam medalhas cujo maior significado está não apenas na vitória sobre os adversários, mas na mais importante e decisiva vitória sobre si mesmos.

Ajudar, então, é mostrar às pessoas que elas não precisam ser eternas "pedintes", podendo trabalhar para o próprio crescimento. Todo milagre tem pelo menos duas forças em jogo: a força maior que vem do Céu e aquela que vem de nós. São inúmeras as passagens evangélicas em que isso se constata. Na história dos pães, havia poucos a princípio para serem multiplicados. O cego que pediu para ver gritou e correu atrás de Jesus. Esses exemplos são inspiradores.

Consolar é também ensinar. É pura mediocridade falar mal dos outros e de seus erros. Se alguém tem defeitos, não os tem porque gosta de tê-los. Consolar, neste caso, é ajudar os demais a serem melhores. Ensinar os que erram é uma forma concreta de praticar a caridade.

Outro modo de consolar é lembrar-se dos mais esquecidos. Em asilos, orfanatos e hospitais talvez a maior das dores seja a solidão. Há instituições que necessitam não apenas de dinheiro, mas da presença de pessoas que dediquem parte do seu tempo a visitar aqueles que ninguém visita. Caso um dia você se sinta um tanto sozinho ou sozinha, pode ser que Deus esteja sugerindo que você olhe para fora, saia do seu isolamento e vá ao encontro dos que sofrem o mal da solidão em grau superior. Pense nisso!

Reze pelas pessoas

Devemos ter grande fé no poder da oração. Quando nos sentirmos impotentes para ajudar os outros, recorramos à onipotência de Deus. Rezemos pelas pessoas que estão sofrendo, para as quais nossas palavras de ânimo podem ser insuficientes.

Peça a Deus que olhe por alguém específico, que realize um milagre, se for da Sua vontade. Afinal, para Ele nada é impossível.

Sim, milagres existem. Muitos deles silenciosos. Milagres espirituais que produzem uma paz que se aloja no íntimo de nosso ser. Peça a Deus consolo para um amigo que esteja sofrendo, um parente distante que você não está em condições de visitar. Peça ao Deus da consolação que faça pelas pessoas algo que você não pode fazer no momento. A oração nos confere essa capacidade. Pela oração, ultrapassamos todas as distâncias, e de certo modo enviamos as bênçãos e graças de Deus para onde as pessoas estão.

Reze por quem você ama e quer ajudar. Se Jesus nos recomendou que rezássemos por aqueles que nos odeiam, valorizará mais ainda o fato de fazermos isso por aqueles com os quais temos uma relação de carinho e amizade.

Lemos no Evangelho aquela passagem em que a mãe de Jesus se preocupava em ajudar um casal em sua festa de núpcias. O vinho estava acabando, o que provocaria uma situação constrangedora. O que ela poderia fazer? Foi nessa hora que Maria se aproximou de seu Filho e, repleta de confiança, lhe expôs o problema. Jesus, relutante a princípio, atendeu ao discreto pedido de sua mãe e realizou o seu primeiro milagre, transformando água em vinho. Calcula-se que foram cerca de 600 litros de vinho, correspondentes a seis imensos jarros de cerâmica, cheios de água até a borda. E vinho da melhor qualidade.

Na tradição cristã, Maria é chamada a "consoladora dos aflitos", e Francisco de Assis, que tinha por ela especial devoção, dizia que era a "advogada dos pobres". A oração intercessora dessa advogada maternal é um exemplo de que, se nos aproximarmos de Jesus confiantemente, Ele saberá confortar e consolar aqueles que mais precisarem.

Sempre preocupado com os outros

Era verão e Francisco de Assis estava muito doente. Precisando deslocar-se de uma cidade para outra, seus frades lhe conseguiram um burrinho guiado por um montanhês. Por descuido, porém, não levaram água nem alimento, e no longo trajeto não havia como se abastecerem.

No meio do caminho, o homem que acompanhava Francisco pôs-se a gritar que estava morrendo de sede. Mesmo se sentindo fraco e com muitas dores, São Francisco desmontou do burrinho, ajoelhou-se e com as mãos elevadas ao Céu rogou por um milagre. Depois de alguns minutos, disse ao montanhês: "Corra até aquela rocha e encontrará água viva que Jesus Cristo lhe enviou."

O homem, sedento, correu até a rocha e encostou os lábios para beber da fonte que começou a jorrar ali. Mas, além de matar a sede, sentiu fluir dentro de si o consolo muito maior de ter encontrado um homem santo que, mesmo doente e precisando de cuidados, preocupava-se antes de mais nada com as pessoas ao seu redor.

XIII

Compreender que ser compreendido

O amor tem múltiplas manifestações, como saber perdoar, consolar, sentir compaixão e ter compreensão, que é fundamental para difundir a paz no mundo.

Para compreender alguém, precisamos realizar dentro de nós uma autêntica revolução: destronar o ego, que quer reinar sozinho, manipulando a todos, tomando decisões autoritárias, rotulando tudo, mandando e desmandando. No lugar desse tirano insuportável, devemos colocar um "eu" aberto ao "outro", preparado para aceitar e interpretar de maneira positiva o que acontece no mundo e o que as pessoas fazem e são.

O ego está preso ao seu ponto de vista, que mais poderia ser chamado de um ponto de cegueira, pois não consegue ver o que os outros veem. Um exercício importante é sair de nós mesmos e procurar olhar o mundo a partir da perspectiva do outro. Como a outra pessoa vê e sente a realidade? Uma coisa é a temperatura do ambiente, e outra é a sensação térmica que cada um experimenta. Dependendo das circunstâncias pessoais, o que é friozinho para uns é gelado para outros, e o que é calor para você pode ser ameno para o outro.

Essa revolução interior a favor da empatia requer um ato conjunto da inteligência, da memória e do coração. Temos de reunir essas três forças para desbancar o egoísmo, que é um dos grandes causadores dos eternos conflitos entre as pessoas.

A inteligência nos ajuda a compreender os outros, quando avaliamos as circunstâncias concretas em que eles vivem e que, em boa parte, determinaram suas condutas. Conhecendo o lugar onde algumas pessoas passaram a infância e a juventude, vendo as dificuldades que enfrentaram e as péssimas influências que sofreram, podemos "dar um desconto" e pensar em modos de ajudá-las a superarem o estrago que tais conjunturas provocaram.

Pense, por exemplo, em pessoas que tentaram o suicídio ou que se entregaram ao uso de drogas. Que motivos uma pessoa tem para se autodestruir? Ninguém, em sã consciência, quer jogar pela janela o dom da vida. Se o faz, por que o faz?

Condenar alguém sem ter as informações necessárias é sempre um ato de injustiça. Compreender, aliás, é mais do que obter meras informações. Podemos dizer que compreendemos alguém quando descobrimos o sentido que está por trás das informações obtidas.

Informações nos dão o significado das coisas, mas isso é insuficiente. Precisamos captar o sentido, o porquê de certos acontecimentos. Não basta, por exemplo, ter a informação de que um adolescente começou a usar drogas aos 13 anos, quando conheceu alguns amigos que já estavam nas garras do vício. Essa informação sobre as más companhias é insatisfatória para compreender o drama real da vida dele. Precisamos saber da sua falta de alternativas, da sua necessidade de ser aceito por um grupo, da sua incapacidade para resolver problemas pessoais, procurando refúgio no prazer ilusório.

Além da inteligência, necessitamos da memória. Tente recordar o que aconteceu quando você não foi compreendido por alguém. Lembra como isso doeu? Traga à memória o dia em que você cometeu um erro involuntariamente, mas foi punido por seus pais ou por uma autoridade, sem chance de defesa. Rememore aquele outro dia em que você queria explicar os seus sentimentos a alguém, mas a pessoa tinha muita pressa, deu uma desculpa qualquer e adiou para sempre essa conversa.

Não fique, porém, apenas com as lembranças negativas. Lembre-se da alegria que invadiu sua alma quando uma pessoa olhou nos seus olhos, dizendo: "Tudo bem, eu compreendo, sei que você não fez por mal." Mais ainda: como você poderia esquecer a imensa gratidão que experimentou por aquela pessoa que, mesmo estando superocupada, parou tudo o que estava fazendo para ouvir a sua história durante horas a fio?

Nos casos positivos ou negativos, a memória vai lhe mostrar como é importante encontrar alguém que o compreenda. Não faça a ninguém aquilo que lhe causou sofrimento um dia. Saiba ser generoso para produzir o bem que já saboreou no passado. Se a incompreensão deixa marcas, sentir-se compreendido é libertador. Procure entender o outro, ouça com calma os motivos das pessoas ou as confidências que querem fazer. Compreenda mais!

Para sermos compreensivos, é necessário também termos um coração atento e amigo. O bom coração bate em sintonia com o coração dos outros, permite a nossa identificação com aquele que está sofrendo e nos facilita compreender sua angústia. Ao mesmo tempo, devemos ter a objetividade necessária para sugerir algumas ideias, pois estamos com a cabeça mais fria. De qualquer modo, será impossível praticar a compreensão se o nosso coração estiver impermeável às lágrimas alheias.

Seja compreensivo como Jesus

O modelo maior da Oração de São Francisco é Jesus Cristo. Ele é, afinal, a fonte de inspiração desta prece que nos ensina a viver em paz e promovê-la.

Muitas pessoas se aproximavam de Jesus esperando obter do Mestre uma palavra de compreensão, um olhar de amizade. E, depois desse encontro, saíam repletas de admiração, certas de que o caminho proposto por Jesus, embora exigente, levaria a uma paz indescritível. O contato com o Filho de Deus lhes dava novas energias e esperanças.

Jesus estava disposto a compreender todas as pessoas que O procurassem, mas não forçava ninguém a isso. A disponibilidade de Jesus era total. Ele jamais se impunha aos outros. Jamais provocava constrangimentos. Queria estar com as pessoas em nome da liberdade e do amor.

Temos de cultivar uma atitude semelhante, que também verificamos na vida de São Francisco de Assis. Seguindo o exemplo do Mestre, Francisco ia pelos caminhos sem a pretensão de fazer seguidores, e os que a ele se uniam o faziam de modo espontâneo, impulsionados pelo carisma de Francisco.

Deixemos que as pessoas se aproximem de nós e peçam nossa compreensão quando acharem necessário. Não precisamos obrigar ninguém a fazer confidências nem a aceitar nossos conselhos. Respeitemos a intimidade dos outros, o tempo de cada um. Na amizade verdadeira, as pessoas abrem o coração quando querem e até onde desejam. Esse ponto é vital para que todos se sintam realmente à vontade conosco. Compreender os outros não é vasculhar a consciência deles.

Além disso, Jesus não ficava na superficialidade. Seu olhar penetrante chegava ao âmago de cada pessoa. Quando alguém ia ao seu encontro, sabia que era preciso abrir o jogo com sinceridade, porque também estava diante de um homem sem duplicidade nem meias palavras.

O mesmo nos cabe fazer nos lugares em que vivemos. Se alguém nos pede compreensão, deve saber que a encontrará, mas ela não pode se confundir com o temor de dizermos algumas verdades que podem não ser muito agradáveis. Devemos compreender a situação de alguém que, pelo motivo que for, cometeu uma falha na vida e agora precisa de alguém que o acolha. Mas um deslize é sempre um deslize, e só poderemos ajudar alguém que o cometeu se tivermos a coragem de dar nome aos bois e pôr os pingos nos is.

Compreenda o incompreensível

Por vezes, vamos descobrir que nossa compreensão não é infinita. Talvez não consigamos entender de forma alguma o que aconteceu com os outros ou conosco. Certas situações e determinadas atitudes humanas escapam a qualquer tipo de explicação. Ultrapassam os limites de nossa inteligência e de nosso coração. É a hora do mistério.

Muitas vezes, por não compreendermos certos desígnios de Deus, acabamos enfraquecendo a nossa fé. São João da Cruz, frade espanhol que viveu no século XVI, referiu-se a essa situação como "noite escura da alma", quando somos tomados por uma dúvida espiritual e chegamos a questionar até mesmo a existência de Deus. É comum ouvirmos a frase: "Mas se Deus tem tanto poder, por que Ele permite que tantas atrocidades ocorram no mundo?" O sentimento de revolta em relação a Deus também é comum quando sofremos um forte revés na vida, que pode advir da perda de um ente querido, de um caso de doença na família e até de uma condição inesperada de desemprego com o enfrentamento de dificuldades financeiras mais drásticas.

Por isso, é fundamental a compreensão de que o tempo de Deus é outro e Suas prioridades não são necessariamente aquelas que satisfazem nossos interesses imediatos. Como Pai, Ele nos supre daquilo que necessitamos e nos assiste nos momentos de aflição. E é nesses momentos que não podemos soltar a Sua mão, permanecendo firmes na fé, sem jamais esquecer o poder da oração. Como ensinou Santa Teresa de Ávila, freira carmelita que viveu na Espanha no século XVI, Deus não se encontra à nossa disposição para evitar todo e qualquer tropeço, até porque temos o livre-arbítrio, mas por certo sempre virá nos ajudar a levantar depois de cada queda.

O ser humano é um "monstro incompreensível", dizia um escritor. De fato, podemos deparar com histórias que nos deixam paralisados, perplexos. Como entender os motivos pelos quais alguém tortura uma criança até a morte e não demonstra o mínimo arrependimento? Qual a compreensão e o que podemos dizer a um homem justo, correto, que de repente se torna vítima de um complô e por causa disso se revolta contra Deus? Quem somos nós para compreender tudo o que se passa na alma humana?

Há coisas que escapam ao nosso entendimento. Somente Deus vê tudo e tudo pode explicar. E esta é a resposta que temos de dar, para nós e para os outros. Quando nos sentimos incapazes de compreender uma determinada reação humana, ou algo que acontece em nossa vida, ou se não conseguimos captar os desígnios de Deus, o melhor é lembrar a passagem do Livro do profeta Isaías, que ouviu a seguinte sentença: "Pois os meus pensamentos não são os vossos pensamentos, e vossos caminhos não são os meus" (Isaías 55: 8). E esta é a única forma possível de compreender o incompreensível: aceitar o mistério da vida e da morte, aceitar os indecifráveis desígnios de Deus, pedindo a Ele que nos dê paciência e força para perseverar no bem.

Compreender o incompreensível é confiar que, no final, tudo fará sentido. Devemos aceitar o fato de que Deus esteve e sempre estará no comando de tudo. Devemos trilhar a senda da humildade e, lembrando a Oração da Serenidade, dizer: Senhor, nós Te pedimos a graça de compreender o que não conseguimos compreender, a humildade para aceitar que nem tudo nós conseguiremos compreender e a sabedoria para distinguir uma coisa da outra.

Francisco e a arte de compreender

Um dos traços marcantes de São Francisco era a sua capacidade de compreender os outros, sem julgar nem condenar o próximo. Vivendo a máxima pobreza no vestir e um comedimento extremo no comer, jamais censurava quem se vestia com roupas suntuosas ou se alimentava do bom e do melhor. Ao mesmo tempo, porém, defendia sua visão de mundo e sua maneira de viver com grande simplicidade.

Em certa ocasião, por exemplo, um cardeal italiano, que vivia cercado de luxo, convidou Francisco para jantar em sua suntuosa residência. Antes de ir, porém, o santo de Assis passou pelas casas vizinhas à do cardeal, mendigando alguns pedaços de pão. Ao chegar para o jantar, o cardeal queixou-se com seu amigo, dizendo: "Caro Francisco, não foi nada elegante da sua parte mendigar entre os meus vizinhos. Isso me desonra!" Francisco então lhe respondeu, com grande doçura: "Ao contrário, eu o honrei, e muito, honrando antes ao Nosso Senhor Jesus, que escolheu a pobreza quando veio a este mundo. Não troco a dignidade real de Cristo, que se fez pobre para nos salvar, por nenhuma riqueza deste mundo, mas compreendo seus sentimentos, senhor cardeal."

XIV

Amar que ser amado

De acordo com a lógica do "mais", o amor que dedicamos aos outros não deve depender do amor que esperamos receber. É desse modo que a Oração de São Francisco pretende cortar pela raiz o nosso egoísmo e nos fazer entender o amor em sua essência divina.

O amor incondicional propõe um novo modo de viver e conviver. Em lugar de só amarmos aqueles que nos amam, o Cristianismo nos ensina que devemos amar por antecipação e que é necessário continuar amando, apesar de tudo, independentemente de recompensas ou retribuições, porque o amor que se entrega e procura o "mais" nunca ficará falando sozinho. Esse amor nasce de uma relação que cada um irá cultivar com o próprio Amor, que é Deus. Quem sabe amar é porque se sente profundamente amado.

Esse amor que tem sua fonte primeira em Deus possui diversos tipos, entre os quais destacamos o dos pais, o conjugal e o entre amigos.

A mãe e o pai estão dispostos a dar a vida pelos filhos. Fruto de nossas entranhas e de nossos sonhos, os filhos não são uma "conquista", como algo que decidimos "ter" para provar seja lá o que for à sociedade ou à própria família.

Nossos filhos nascem do amor generoso e pelo amor são acolhidos.

O amor da mãe e do pai pelos filhos, que é imenso, nos dá uma pálida ideia do que é o amor do Pai por nós. Se a mãe carrega no ventre uma nova vida, e o pai acompanha essa aventura com o máximo de carinho e preocupação, imagine a intensidade com que Aquele, que é o Autor da vida acompanhou e acompanha o nascimento de todos os seres humanos há milhões de anos! Cada um de nós poderia repetir estas palavras pronunciadas pelo profeta Isaías:

"Desde o seio materno, o Senhor me chamou, desde o ventre de minha mãe, já sabia meu nome" (Isaías 49: 1).

As expectativas durante a gravidez, o dia do parto, as primeiras semanas do recém-nascido, as cólicas, as noites em claro, as vacinas, as idas e vindas ao pediatra, os primeiros passos, as primeiras pedaladas na bicicleta, acompanhar os filhos na escola, nas festinhas, as conversas que vamos tendo com eles, os sustos e as alegrias, as orações que fazemos para que nossas crianças (que podem ter de 10 a 50 anos de idade) sempre voltem em segurança para casa, tudo isso faz parte do amor que mães e pais sentem por seus filhos, sem calculismos, sem contabilizar os "investimentos", sem querer nada em troca.

Esse amor é mais do que um instinto. Fala-se em instinto maternal, mas o que as mães sentem por seus "filhotes" não é apenas um impulso inconsciente. É claro que toda mãe e todo pai se transformam em autênticas feras quando veem os filhos ameaçados por algum perigo, mas esse é apenas um aspecto do amor.

Os pais se sentem espiritualmente responsáveis pelos filhos, e muitos têm a clara consciência de terem recebido de Deus a missão não apenas de povoar a Terra, mas de trazer a este mundo filhos de Deus que vão levar por todos os seus caminhos uma mensagem de paz, mostrando que vale a pena fazer o bem.

Antes de vivermos o amor na condição de pais e mães, há o amor conjugal, em que duas almas, dois corpos, dois destinos, se unem para criar uma família. Nesta relação espiritual e física, temos a possibilidade de exercitar o amor em que dois seres se tornam um só:

> "O homem deixará pai e mãe e se unirá à sua mulher, e os dois formarão uma só carne. De modo que eles já não são dois, mas uma só carne. Portanto, o que Deus uniu, o homem não separe." (Mateus 19: 5-6)

Essa união total vai se tornando mais profunda à medida que o tempo passa e os dois aprendem a se ajudar, na saúde e na doença, no sucesso e no fracasso, na alegria e na tristeza.

O amor entre marido e mulher, guiado pela Oração de São Francisco, pode se tornar ainda mais belo e retratar o amor entre Deus e a humanidade. Quando cada um dos dois leva luz, perdão, verdade, esperança e fé para o outro, humaniza e santifica suas vidas.

E há o amor entre os amigos, um dos maiores tesouros que uma pessoa pode encontrar. Os antigos diziam que descobrimos quem são nossos amigos certos nas horas incertas. Em um momento de crise, os que são verdadeiros ficam ao nosso lado.

Jesus foi e é o maior amigo da humanidade, e com Ele aprendemos como viver a amizade com espírito de verdadeira doação: "Ninguém tem amor maior do que aquele que dá a vida por seus amigos" (João 15: 13).

Abra seu coração

A constante novidade da mensagem cristã consiste em propor um estilo de amar revolucionário. Amar aqueles que nos amam ou aqueles que são carne da nossa carne está à altura de nossa capacidade. O desafio que Jesus lançou à humanidade foi um amor sobrenatural, como o expressou nesta passagem:

> "Quando ofereceres um almoço ou jantar, não convides teus amigos, nem teus irmãos, nem teus parentes, nem teus vizinhos ricos. Pois estes podem te convidar por sua vez, e isto já será a tua recompensa. Pelo contrário, quando deres um banquete, convida os pobres, os aleijados, os coxos, os cegos! Então serás feliz, pois estes não têm como te retribuir! Receberás a recompensa na ressurreição dos justos." (Lucas 14: 12-14)

Jesus vai ainda mais longe ao nos dizer: "Amai os vossos inimigos e fazei o bem aos que vos odeiam. Falai bem dos que falam mal de vós e orai por aqueles que vos caluniam" (Lucas 6: 27-28).

Amar os inimigos, tratar bem quem nos odeia e desejar bens espirituais para pessoas que nos fazem o mal é a exigência máxima de um ideal que supera todas as filosofias e todos os códigos morais. Será esta exigência algo inviável e absurdo?

O amor cristão, sem limites e restrições, será uma vitória de Deus sobre o nosso egoísmo. Seria uma grande pretensão acharmos que, apenas com os nossos esforços, chegaríamos tão longe. É o próprio Deus, com a nossa livre colaboração, quem vai abrir o nosso coração.

Primeiramente, é importante esclarecer alguns conceitos daquela passagem em que Jesus nos fala de um amor absoluto e universal. Por exemplo, quem é o nosso "inimigo"?

Temos de lembrar que Jesus utilizava uma linguagem forte para marcar a memória de seus ouvintes. Com essa estratégia, mostrava que somos nós que exageramos muitas vezes, fazendo de uma mera antipatia o início de uma verdadeira batalha campal.

"Inimigo" é todo aquele que tem características diferentes das nossas. É aquele que não se veste do mesmo jeito, que não fala da mesma forma, que veio de outro país, que não mora na mesma região do Brasil, que não compartilha conosco certas ideias e certos comportamentos. Essas diferenças acontecem em outros campos da vida: escolhas profissionais diferentes, modos diversos de criar os filhos, de pensar a política e até de acreditar em Deus. Em suma, estamos falando de pessoas que não são do nosso "grupo", da nossa "classe" ou da nossa "igreja".

Se não tomamos cuidado, transformamos pessoas diferentes de nós no alvo preferido de nossas críticas e, quando menos percebemos, elas já se tornaram objeto de nosso ódio. É o caso da homofobia, da xenofobia e de outros preconceitos.

O segundo conceito diz respeito "aos que nos odeiam". Por causa daquelas diferenças que apontamos há pouco, nós também podemos nos converter em pessoas "odiadas" por aqueles que não nos aceitam. Se alguém nos ridiculariza porque temos um sotaque "diferente" (preconceito cultural) ou não nos dá uma oportunidade na empresa porque nos considera velhos (preconceito de idade), a nossa atitude deve ser a de não revidar. Quando alguém nos humilha ou nos exclui é hora de dar a "outra face", como Jesus ensinou. Essa atitude consiste em manter a dignidade do nosso sorriso, não abaixar a cabeça e mostrar, com tranquilidade, que temos consciência do nosso valor.

Um coração tomado pelo amor não se deixa vencer pelo ódio. Se você se sentir vítima de um preconceito ou de uma aversão qualquer, fale claramente, com serenidade, que isso não é justo. Se você tem sotaque "diferente" ou um tipo físico característico de outra região brasileira, faça a outra pessoa lembrar que muitos homens e mulheres que ajudaram a construir nosso país não nasceram nas grandes capitais e tinham o mesmo sotaque e a mesma aparência que você tem.

Com relação aos que nos perseguem e maltratam, Jesus pede que incluamos essas pessoas em nossas orações. Que peçamos pela sua salvação. Não vamos aprovar o mal, mas descobrir que os maiores prejudicados são aqueles que tentam maleficiar os outros. Precisamos rezar por essas pessoas que nos maltratam, pois elas, sim, estão correndo um grave risco. Estão construindo para si mesmas o pior dos destinos, longe do amor de Deus.

Mostre que é capaz de amar

Infelizmente, até mesmo dentro de igrejas e famílias cristãs verifica-se a falta de manifestações básicas de amizade e solidariedade. Não é tão raro assim observar a seguinte cena em estacionamentos próximos a igrejas: pessoas que acabaram de participar de uma celebração se reencontram na hora de pegar seus carros, mas não dão a vez para ninguém e se olham com indiferença, esquecendo o que ouviram minutos antes dentro da igreja sobre caridade e ajuda mútua. Continuam sendo materialistas e intolerantes, mesmo depois de rezarem muito.

O fato de o Cristianismo ser exigente e os cristãos humanamente falíveis só demonstra uma coisa: para sermos mais coerentes com a proposta cristã necessitamos da graça divina para abrir o nosso coração.

A verdadeira santidade de uma pessoa consiste em ela se tornar uma prova viva do amor ensinado por Jesus. Mas este aprendizado começa na família, onde deve reinar a generosidade, e continua ao longo da vida nos diferentes ambientes que frequentamos. Aprender a amar sem a garantia de um "retorno" é quebrar a lógica do custo-benefício, muito útil na produção de objetos, na avaliação de uma mercadoria e na hora de escolher investimentos financeiros, mas que não serve para nada quando se trata de relacionamento humano.

Quanto do seu tempo você oferece às pessoas que não têm tempo para você? Quantos serviços você presta a alguém que não tem condições de fazer o mesmo em troca? Quantas vezes você já ajudou outra pessoa, oferecendo-lhe algo que não tem preço: a doação de alma para alma?

Peça a Deus que lhe ensine a amar cada vez mais e melhor, e não deixe de fazer a sua parte, vivendo com maior empenho as exigências do Amor.

Francisco sabia amar

Num leprosário em que os seguidores de Francisco cuidavam dos doentes, havia um homem que vivia sempre irritado com todos. Seu corpo estava coberto de chagas e dele exalava um cheiro insuportável. Os franciscanos faziam de tudo para cuidar dele, mas o pobre enfermo, exasperado pelo sofrimento, batia neles, insultava a todos e blasfemava contra Deus. Aos poucos, as pessoas foram parando de se aproximar dele e já se pensava em abandoná-lo à própria sorte.

Francisco, porém, sabendo da situação foi ao seu encontro e disse, como sempre fazia: "Deus te dê a paz, caríssimo irmão." O doente respondeu: "Que paz coisa nenhuma! Como posso ter paz se Deus me faz morrer nesta podridão?" Francisco então compreendeu que falar não adiantaria nada. Rezou uns momentos em silêncio e lhe perguntou: "Meu filho, o que posso fazer por você? Peça o que quiser, e eu o farei." Para testar o santo, o doente lhe disse: "Lave meu corpo todo, porque estou cheirando tão mal que nem eu mesmo me suporto mais!"

Francisco de Assis pediu aos frades que aquecessem água com ervas odoríferas. Depois começou a lavar o corpo em chagas daquele homem com um carinho verdadeiramente paterno. Tocou suas feridas com cuidado, murmurando para si mesmo: "Senhor, curai este nosso filho!"

À medida que a água quente e perfumada cobria seu corpo, o hanseniano começou a se tranquilizar, sentindo-se amado e compreendido em sua dor. E de repente começou a chorar copiosamente, e suas lágrimas, caindo na água perfumada, curaram o seu corpo e a sua alma.

XV

Pois é dando que se recebe

O amor é bidirecional, ou seja, no exato momento em que amamos, sentimos o amor fluir para dentro de nós.

Faça a experiência, porque somente com a vivência pode-se constatar a veracidade desta e de outras frases da Oração de São Francisco. Procure ajudar alguém com o coração aberto, sem esperar nada em troca, e verá seu próprio coração renovar-se. Comece a praticar gestos de compreensão, de ajuda desinteressada, comece a perdoar o próximo, e uma onda de paz invadirá sua vida.

É lamentável que, entre nós, brasileiros, o verso "é dando que se recebe" tenha recebido uma leitura distorcida, associando-se à troca de favores no campo da política. Essa troca interesseira nada tem a ver com o espírito da generosidade.

A ideia original é que dar é doar-se sem medo. Paulo de Tarso ensinou aos primeiros cristãos: "Há mais felicidade em dar do que em receber" (Atos 20: 35). No próprio ato de generosidade a pessoa já está recebendo muito mais.

E o que recebe a pessoa que se doa?

Ao darmos um pouco do nosso tempo a alguém, ganhamos a eternidade. Ao darmos nossa atenção a quem se sente desamparado, somos amparados pela força de Deus. Ao prestarmos um serviço em casa, coisas como lavar a louça que ficou do dia anterior, perguntar, antes de sair, se alguém precisa de algum produto do mercado, da farmácia, enfim, ao realizarmos tarefas (mesmo pequenas) que ajudam e aliviam os outros, experimentamos uma grande alegria. Esta alegria genuína é o reflexo da alegria de Deus-Pai que aprova nosso esforço.

Dê o que você já recebeu

Ninguém dá aquilo que não tem. Por isso, é necessário descobrir primeiramente o que você recebeu (de Deus, da natureza, da sociedade, da família etc.) para que então possa oferecer aos outros os dons que já possui.

Todos nós temos uma considerável quantidade de talentos e possibilidades. Temos capacidades inatas e virtudes adquiridas que precisamos fazer frutificar. Não podemos ser mesquinhos com esses bens que nos foram confiados para um propósito maior: colaborar com os demais e servir o próximo.

De que serve, por exemplo, uma mente brilhante quando tudo o que se faz é maquinar maldades, pensando em obter vantagens pessoais? Que utilidade pode ter uma imaginação fértil, se essa fertilidade consiste em maliciar as boas intenções das outras pessoas? Qual a verdadeira finalidade da força física? Oprimir o mais fraco?

Essas são algumas perguntas que devemos nos fazer, conhecendo com o máximo de objetividade nossas aptidões e nossos pontos fortes. Não haverá nenhum perigo de vaidade e soberba neste exame, se nos dedicarmos ao autoconhecimento com a decisão de colocar tudo o que somos e temos à luz da recomendação cristã, reforçada pela inspiração franciscana: "De graça recebestes, de graça deveis dar" (Mateus 10: 8).

Faça uma anamnese. Esta palavra, que vem do grego, é rica em significados. Fazê-la bem é o contrário de cair na amnésia. Se esquecemos quem somos e tudo o que temos, perdemos a excelente oportunidade de dar aos outros o melhor de nós.

A palavra "anamnese" possui três significados:

* Na filosofia antiga, era a descoberta de verdades essenciais que remontavam a um tempo anterior ao da existência.
* Na medicina, é quando o paciente relata os sintomas iniciais e tudo o que tem sentido até o momento da consulta.
* Na liturgia da missa, é a oração que recorda resumidamente a vida de Jesus: Sua morte, ressurreição e Sua ascensão aos Céus.

Com relação ao primeiro significado, reflita um pouco. Cada um de nós, antes de nascer, recebeu de Deus uma missão. Ninguém veio ao mundo simplesmente para crescer, multiplicar-se e morrer. Na forte expressão do poeta Fernando Pessoa, nós seríamos apenas "cadáveres adiados" se não houvesse em nós uma "loucura". A "loucura" (assim considerada aos olhos dos que não têm fé) é que Deus tem um plano individualizado, feito à sua medida, para cada um de Seus filhos. E, para que você realize este sonho de Deus, Ele lhe deu uma série de capacidades e condições específicas.

Descubra tudo o que você tem e não precisou fazer muito esforço para manter: a facilidade para aprender idiomas, por exemplo, ou cantar, desenhar, cozinhar, praticar esportes e tantas outras inclinações; as características do seu temperamento (bom humor, sensibilidade, senso do dever etc.); e as oportunidades do meio social em que nasceu. Enfim, observe tudo isso e veja de que modo você pode fazer render mais frutos em nome de Deus.

Com relação ao significado médico da palavra, pense na sua história de vida como um ser constituído de um corpo cheio de potencialidades, verdadeira obra de arte da inteligência divina. Tenha em mente a saúde de seu organismo, mais do que as doenças contraídas e as eventuais limitações físicas dele. Pense também em como pode cuidar melhor do seu corpo, que Francisco de Assis chamava de "irmão", com o qual podemos servir às outras pessoas.

Por fim, no que se refere ao significado religioso, lembre-se das verdades de sua fé, que é uma virtude dada por Deus. Podemos nos esforçar, como quem procura tirar leite de pedra, mas, no final das contas, a fé constitui um dom, que pode crescer, é claro, se soubermos pedi-lo a Deus como fizeram os apóstolos, dizendo: "Aumenta a nossa fé!" (Lucas 17: 5). E, repletos de fé, poderemos colaborar com sua difusão, obedecendo ao mandato de Jesus: "Ide pelo mundo inteiro e anunciai a Boa-Nova a toda criatura!" (Marcos 16: 15).

Esta fé não é algo vago, uma espécie de "pensamento positivo". A fé em Deus é, especialmente no contexto da Oração de São Francisco, o reconhecimento de que fomos amados por Deus desde sempre, e de que Ele enviou ao mundo, como prova desse amor, Aquele que é o seu amado Filho, Jesus Cristo.

Saiba receber

Descubra e valorize todos os seus dons. E não é guardando-os em uma gaveta que conseguirá fazê-lo. A semente que não cai na terra apodrece, não dá frutos. Você tem muito a dar, pois muito recebeu!

Dentro da dinâmica da vida, é também um ato de caridade saber receber. Francisco não tinha vergonha de pedir ajuda, alimento, roupas, sempre pensando em distribuir o que recebia entre os mais necessitados. Com esse espírito, você pode buscar novos bens e recursos, sempre com a intenção purificada de usá-los da melhor maneira possível.

É direito de todo trabalhador receber um salário digno. Não tenha receio de cobrar o que é justo. Seria uma falta de generosidade com sua família se você, que exerce uma atividade profissional, que gera riquezas para uma empresa e para a sociedade, não exigisse a remuneração adequada. Há momentos em que lutar por nossos direitos é um dever inegociável.

Lute também para receber formação e instrução. Numa faculdade, num curso, numa palestra, você vai se alimentar de conhecimentos e saberes que se transformarão em novas habilidades e novas formas de ser útil para os outros. Pense na educação dos seus filhos. Não é correto que faltem professores, que os docentes não tenham uma boa preparação didática, que a escola não exija dos alunos bons resultados, que as coisas fiquem "soltas". É necessário que as nossas crianças recebam formação adequada para se tornarem bons cidadãos e profissionais qualificados, capazes de contribuir para um mundo de maior nível educacional e cultural. Como eles poderão dar o melhor de si se não receberem agora o melhor de nós?

Também do ponto de vista da formação religiosa, devemos receber mais e melhor. Nas igrejas, sacerdotes e pastores devem estar à altura de sua vocação. Precisamos que eles cumpram a sua tarefa com dedicação. Se você pratica a sua crença, precisa encontrar nesses servos de Deus uma orientação segura para que também aprenda a servir a Deus no seu dia a dia, na sua vida familiar, social e profissional. Não tenha medo de solicitar ao padre que ministre um sacramento, ao pastor que faça uma pregação mais convincente e que todos os ministros de Deus pratiquem o que Jesus, o Bom Pastor, pediu a Pedro: "Cuida das minhas ovelhas" (João 21: 17).

E, sobretudo, peça a Deus novos dons. Não há nisso nada de errado. Deus é Pai, e gosta de atender aos pedidos de seus filhos. O Pai é a Generosidade por excelência, é a Bondade e o Carinho infinitos. Basta você olhar uma paisagem rica em beleza, com mil e um detalhes indescritíveis, basta observar os animais, cuja vida e cujo comportamento nos despertam curiosidade e admiração. Tudo o que Deus criou foi um presente para nós. Francisco de Assis era um apaixonado pela Criação, e a recebia de braços abertos. Nesse gesto, glorificava e abraçava também o Criador.

Então, dirija-se a Deus-Pai. Peça-Lhe tudo o que quiser. Foi o próprio Jesus quem nos instou a fazê-lo:

> "Portanto, eu vos digo: pedi e vos será dado; procurai e encontrareis; batei e a porta vos será aberta.
>
> Pois todo aquele que pede recebe; quem procura encontra; e a quem bate, a porta será aberta. Algum de vós que é pai, se o filho pedir um peixe, lhe dará uma cobra? Ou ainda, se pedir um ovo, lhe dará um escorpião? Ora, se vós, que sois maus, sabeis dar coisas boas aos vossos filhos, quanto mais o Pai do Céu saberá dar o Espírito Santo aos que Lhe pedirem!" (Lucas 11: 10-13)

A generosidade de Francisco

Entre os talentos de Francisco de Assis estavam os de falar e de cantar. Quando jovem, divertia-se com os amigos, exercendo sobre eles uma liderança natural. Tinha o dom da simpatia. Herdou de sua mãe a gentileza do coração e os modos amáveis de conviver. Era um apaixonado pela música, pela vida, pelos animais.

Francisco soube orientar esses e muitos outros dons para uma existência de entrega e dedicação aos outros. Suas pregações eram animadas, teatrais, repletas de histórias e parábolas. As pessoas riam e choravam ao ouvi-lo. Aquele homem amoroso, imaginativo, eloquente, vibrante, esbanjava vivacidade. Seu entusiasmo inundou as terras por onde andou, ultrapassou os séculos e chegou até nós.

Poeta que era, gostava de imagens e metáforas. No início de sua conversão, ao descobrir o ideal da pobreza, teve o seguinte diálogo com um amigo: “Francisco, você anda tão disperso, por acaso está apaixonado?”, e Francisco lhe respondeu: “Sim, estou apaixonado e a minha dama é a mais bela que existe na cidade de Assis.” O amigo, zombando, lhe perguntou: “Será dona Laudônia? Será dona Ortona?” E Francisco, impassível, contemplando as estrelas do céu, viu entre elas a Pobreza, a esposa que Cristo lhe reservara.

XVI

É perdoando que se é perdoado

Páginas atrás, nós vimos que o perdão é o melhor antídoto contra a ofensa. Vimos como é necessário viver a tolerância e praticar a compaixão. Agora, podemos dar um passo adiante. A Oração de São Francisco nos ensina que existe uma relação essencial entre perdoar e ser perdoado. O mundo recomeça para a pessoa perdoada, mas também para aquele que a perdoou.

O perdão é um bem para todos. É muito perigoso alguém dizer que não se arrepende de nada do que fez na vida. Quem nunca se arrepende é porque não vê as próprias falhas. É como se não sentisse mais sede. Recusa-se a pedir, por orgulho, o copo d'água da compaixão, o que provoca uma terrível desidratação espiritual. A alma fica rígida e seca. Vai perdendo as cores, vai murchando e morrendo aos poucos. Morre de pé, é verdade, como uma árvore que jamais teve a fraqueza de cair... mas também nunca produziu os saborosos frutos da humildade.

O mérito de perdoar deve ser concomitante com a simplicidade de aceitar o perdão. Quem se sente ofendido e sabe perdoar exercita a tolerância. Tal atitude contribui, e muito, para levar a paz ao mundo. Porém, reconhecer que precisamos ser perdoados também merece a nossa admiração. Todos nós somos falíveis e carentes do amor que perdoa.

Aceite o perdão. Não há nisso nenhuma humilhação nem rebaixamento, ao contrário. Beba com gosto o perdão divino e humano. A água é um ótimo solvente, e o perdão tem igual atributo no campo da espiritualidade. O perdão dissolve os medos, as culpas, as tristezas. Perdoar é um dos lados da moeda do amor. O outro é se deixar perdoar.

É perdoando que aprendemos como é bom ser perdoado. Vendo a alegria e o alívio de alguém que sai regenerado pelo nosso perdão, devemos desejar o mesmo. Como é bom admitir que, como qualquer ser humano, todos nós cometemos erros e pecamos, com a possibilidade real de receber o perdão. São João ensinou numa de suas cartas aos primeiros cristãos: "Se dissermos que não temos pecado, estamos enganando a nós mesmos, e a verdade não está em nós" (1 João 1: 8).

Quem não se considera necessitado do perdão, precisa ser urgentemente perdoado pela sua falta de autoconhecimento.

Não deixe seu coração endurecer

O perdão é uma via de mão dupla. O fluxo do amor que perdoa tem essas duas direções. Temos que perdoar e pedir perdão. Dar aos outros a chance de recomeçar e agarrar com unhas e dentes a nossa chance de recomeçar uma vida nova.

Perdoar e pedir perdão não são ações separadas. Quando perdoamos alguém, damos início a um processo de cura interior. Nossos sentimentos ruins por determinada pessoa são substituídos por uma nova maneira de ver a vida. Desapegados de nós mesmos, nos tornamos mais receptivos para o perdão de que também necessitamos.

Perdoar e ser perdoado é algo que implica uma série de benefícios. Vejamos alguns deles:

A humildade verdadeira. Conta-se a história de um pregador do Evangelho que era tão orgulhoso que chegou a dizer do púlpito: "Meu único defeito é ser demasiadamente humilde!" E esta contradição se tornava patente quando alguém fazia o mínimo ruído durante seus "maravilhosos" sermões. Nessa hora, o homem que se dizia humilde fulminava com olhar raivoso quem atrapalhasse o andamento de sua pregação.

O orgulho entre aqueles que buscam a Deus é até mais perigoso, porque fica escondido sob a aparência da religiosidade. Precisamos redescobrir a alegria de perdoar e ser perdoados. A célebre frase de Jesus, segundo a qual "os últimos serão os primeiros", também significa que os que estão perdendo a corrida podem ganhá-la quando pedem ou concedem o perdão.

Certa vez, um homem teve a visão do Inferno. Viu milhares de pessoas se debaterem no fogo eterno. Eram pessoas que durante a vida foram conhecidas por suas virtudes: almas corajosas, que praticaram a justiça, fizeram longos jejuns, realizaram peregrinações aos lugares mais sagrados da Terra, defenderam grandes ideais, falaram de Deus e escreveram belos tratados teológicos.

Diante dessa visão infernal, o homem perguntou ao anjo que o conduzia: "Por que essas almas virtuosas foram condenadas ao Inferno? Não fizeram de tudo para serem recebidas no Céu? Não foram elas justas, penitentes e santas?" E o anjo lhe respondeu: "No Inferno, é possível encontrar todas as virtudes, menos a humildade. E no Céu é possível encontrar todos os defeitos, menos o orgulho."

Outro benefício em dar e receber o perdão é o aumento de nossa esperança. Muitas pessoas que vivem em estado de tensão, irritadas, criticando tudo e a todos, carregam no peito uma culpa que consideram algo imperdoável. E quem perdeu a esperança de ser perdoado terá muita dificuldade para perdoar os outros.

Quando procuramos o perdão, esperamos uma vida mais leve, mais esperançosa. Peça perdão e experimente a mão amiga retirar de cima de você essa carga pesada. Reconciliando-se com os outros, sua vida ganhará novo brilho e o sorriso voltará ao seu rosto. Na história de Judas, seu maior erro não foi trair Jesus. Ele o entregou à morte, é verdade, mas cometeu depois um deslize ainda mais grave: desconfiou do perdão absoluto e do amor de Jesus. E se enforcou na corda do desespero.

Além desses dois benefícios, há ainda um terceiro, que é justamente nos sentirmos mais unidos às pessoas e a Deus. Ingressando na lógica do perdoar e ser perdoado, derrubamos as barreiras da solidão e limpamos nosso coração de tantas impurezas!

Perdão é sinônimo de nova oportunidade. Os laços de amor ficam mais fortes. Num casal, quando aquele que errou pede perdão com sinceridade e o recebe do outro, cria-se entre os dois a certeza de que precisam cuidar melhor de cada detalhe de sua união. Isso se estende aos filhos. A família tem de ser a escola do perdão. Vendo como os pais conseguem se perdoar, os filhos ganham a confiança de que podem obter o perdão de seus pais e, por consequência, aprendem a pedir e receber perdão de seus irmãos e amigos.

A humildade, a esperança e a união, consequências da prática de dar e aceitar o perdão, são dons que ampliam nossa consciência moral e espiritual. Eles nos protegem da falsa santidade de quem não reconhece as próprias fraquezas e limitações, recusando-se a perdoar quem quer que seja.

Reconcilie-se com Deus

Devemos perdoar quem nos ofendeu, e precisamos do perdão das pessoas que magoamos. Sem o perdão, perdemos a alegria do convívio. O espírito de vingança é o que faz de tantos ambientes (sejam familiares, profissionais ou até regionais) verdadeiras filiais do Inferno. Jesus veio instalar um pouco do Céu entre nós, e por isso é necessário compreender e acolher o perdão divino.

Instrumentos da paz são instrumentos do perdão. Mas a paz verdadeira e o perdão vêm de Deus. O perdão com "P" maiúsculo está na origem do perdão humano. Para compreendermos melhor a fraqueza dos outros e ajudá-los a vencerem a culpa de ter errado, precisamos nos aproximar de Deus e Lhe pedir perdão.

Há vários caminhos para encontrar o perdão de Deus. Um deles é o da nossa consciência. É na consciência mais íntima que cada um pode entrar, secretamente, e conversar com este Deus que perdoa. Faça um pouco de silêncio. Afaste-se do barulho e da correria. Abra o seu coração e reconheça suas falhas e seus erros. Este exame de consciência é extremamente salutar. A rigor, não seria preciso fazê-lo, porque Deus vê e sabe tudo da nossa vida. Mas, em Sua Bondade, o Pai prefere que você tome a iniciativa de se conhecer melhor, falar com sinceridade e pedir perdão.

Outro caminho é o de procurar alguém que possa nos falar sobre a misericórdia de Deus. No Catolicismo, a confissão é um sacramento de amor e de ajuda. Nesta prática, em que é direito do fiel o respeito absoluto por sua privacidade, mostramos a ferida que atormenta nossa alma como quem expõe ao médico uma ferida oculta e humilhante. O médico da alma tem a missão de curar essa dor que nos aflige, transmitindo a certeza de que Jesus sempre perdoa quem tem a honestidade e a coragem de assumir seus erros, com o firme desejo de não reincidir.

O importante é descobrir que, se o perdão humano é bom, o que vem de Deus é infinitamente melhor. E é esse perdão divino que pedimos também quando praticamos o perdão entre nós, seguindo à risca a frase do pai-nosso: "Perdoai as nossas ofensas, assim como nós perdoamos a quem nos tem ofendido."

Deus não perdoa no "automático", como se fosse uma máquina da qual bastasse apertar o botão certo para nos dar o perdão que queremos. Não se trata de obter um remédio milagroso que faz a ferida sumir pura e simplesmente. A exigência de Deus, ao nos perdoar, é que nós perdoemos os outros. É como se Jesus nos falasse: "Você quer obter o perdão para si, e isso é muito bom. Estou disposto a perdoar a todos, mas por acaso você já perdoou o seu irmão?"

Em seu *Comentário ao Pai Nosso,* Santo Tomás de Aquino escreveu de modo claro e taxativo:

> "No que concerne à obtenção do perdão, devemos saber que precisamos também perdoar as ofensas que nos fizeram. É por isso que dizemos 'assim como nós perdoamos a quem nos tem ofendido', pois, se não fizermos assim, Deus não nos perdoará."

Deus, que quer nos ver evoluir, não pode nos perdoar se nos recusarmos a crescer no amor. De que adiantaria Ele nos perdoar, se continuássemos presos ao orgulho, fonte de todos os pecados? Quem não sabe perdoar continuará sendo um egoísta que quer tudo para si, inclusive a misericórdia de Deus, mas não compreende os outros nem dá nada para ninguém.

Na Oração de São Francisco está a chave para essa relação entre perdoar e ser perdoado: a porta do coração que se abre para perdoar os outros é a mesma pela qual Deus pode entrar e cumular nossa vida de Seu Perdão.

Arrependender-se e perdoar

São Francisco dizia aos seus frades que deviam ir pelo mundo dando bom exemplo a todos, sem concessões. Em certa ocasião, um franciscano ofendeu a outro na presença de um nobre da ilha de Chipre. Percebendo seu erro, imediatamente apanhou um pouco de esterco do chão e o mordeu, dizendo: "Perdoe-me, irmão! E que a minha língua que espalhou veneno mastigue agora esse esterco."

Vendo aquilo, o nobre encheu-se de admiração e não só aprendeu o que era realmente arrepender-se, como também pediu para se tornar um seguidor de São Francisco.

XVII

E é morrendo que se vive para a vida eterna

Se morrer fosse apenas mudar de casa, bastaria aceitar a morte como uma passagem natural de um lugar para outro bem melhor do que este em que estamos. Voaríamos como pássaros da Terra para o Céu, sem medo de ser felizes.

No entanto, só a mais remota possibilidade da morte já nos deixa de cabelo em pé. Quem nunca sentiu aquele friozinho na barriga antes de saber o resultado de um exame médico que poderia trazer notícias nefastas? Rezamos para que a morte passe bem longe de nós, mesmo sabendo que mais dia menos dia ela baterá à nossa porta, vestida de luto e segurando uma foice, como costuma ser retratada a "Indesejada".

Uma das causas desse medo está no sofrimento que possamos sentir na hora final. Hoje em dia, os mais modernos procedimentos médicos tendem a nos poupar dessa dor, mas ninguém está seguro de que não sentirá nada. Tudo de ruim que possamos sentir antes de "ir para o andar superior" já foi associado às dores do parto. Assim como sair do útero materno implica certos incômodos, partir deste mundo para uma nova etapa da vida não é indolor.

Outro motivo está em não sabermos exatamente o que vai acontecer no "lado de lá". O desconhecido sempre nos causa apreensão. Por mais que acreditemos que Deus estará lá, de braços abertos, esperando com carinho de Pai cada um de seus filhos, ainda sentimos o receio de não estar preparados para esse abraço.

Deus é Amor, mas também Justiça. É Perdão, mas também Verdade. Seria uma injustiça que alguém que praticou o mal de caso pensado recebesse, no Céu, um quarto de hotel cinco estrelas com todas as mordomias, ao lado daquele que lutou para fazer o bem e até deu a vida em nome de Deus.

Se não houvesse nenhum tipo de julgamento ético após a morte, por que deveríamos buscar a verdade e a honestidade durante a vida? Se tudo valesse a mesma coisa, a tentação seria seguir nossos instintos mais baixos, porque a felicidade eterna estaria garantida para todos.

Evidentemente, não é certo fazer coisas boas apenas por uma recompensa prometida por Deus. Isto seria viver a moral de modo interesseiro. Contudo, o próprio Deus sabe quem se esforçou ou não para ser fiel aos Seus desígnios. Em várias passagens do Evangelho, Jesus faz um alerta sério e explica que, como desconhecemos o dia e a hora de nossa morte, o melhor é estarmos sempre vigilantes. Quem estiver preparado será chamado para junto de Deus, mas quem tiver desprezado a Deus e ao próximo terá "a sorte dos hipócritas. Ali haverá choro e ranger de dentes" (Mateus 24: 51). Morrer não é o fim. É o começo. Ou melhor, morrer é a continuação de uma determinada forma de viver. O Céu começa aqui mesmo, onde também tem início o Inferno. Quem vive convicto de que vale a pena trabalhar pelo amor e pela paz, já experimenta aqui os aperitivos do grande banquete.

E quem provoca a discórdia e o ódio já está condenado por si mesmo ao fracasso espiritual.

Ser salvo ou ser condenado não é algo que Deus decide sozinho, como se fosse um juiz carrancudo. Nós nos salvamos e nos condenamos também como decorrência de nossa liberdade. Deus respeita nossas decisões. É claro que Ele quer salvar a todos, mas não deseja obrigar ninguém a ser salvo.

Dizia uma santa que Deus é semelhante a um grande espelho. Um espelho perfeito no qual vamos enxergar exatamente quem somos no momento da morte. Diante dele, que nunca mente, descobriremos como foi a nossa vida terrena e qual será o nosso destino eterno, construído a partir de nossas escolhas. Quem escolheu infernizar a vida dos outros descobrirá nesse espelho as consequências de suas ações. E quem optou por tornar a sua passagem neste mundo uma ocasião de bênçãos para os demais, as receberá multiplicadas pela generosidade de Deus.

Acenda a luz da Vida

A Oração de São Francisco mais uma vez utiliza o jogo dos contrários. Depois de brincar com os significados opostos da tristeza e da alegria, das trevas e da luz, da ofensa e do perdão, chega à maior de todas as contradições: a morte e a vida.

Mesmo quando nosso coração para de bater, a alma continua pulsando. Nosso cérebro se apaga, mas nosso espírito se acende e num piscar de olhos se vê diante da Luz. Sendo uma verdade universal que a alma humana tem em si uma semente de eternidade, estamos todos chamados a viver para sempre. Somos mortais no corpo, mas imortais na alma.

É claro que podemos simplesmente ignorar essa verdade.

As preocupações do dia a dia, as cobranças no trabalho e o justo lazer acabam ocupando todos os espaços de nossa mente. Daí a necessidade da fé como uma forma de acordar para a realidade. Disse o Papa Francisco: "O caminho de fé não é alienação: prepara o nosso coração para ver o maravilhoso rosto de Deus." A certeza de que teremos o encontro definitivo com o Criador deveria nos ajudar a ficar menos preocupados, menos distraídos e, em todo momento, de sol a sol, de segunda a segunda, a agradecer a Deus o dom da vida.

O verso da oração permite ainda uma leitura bem prática, que mexe com nosso comportamento cotidiano. Temos de "morrer" para determinadas coisas, para que possamos viver eternamente. Temos de morrer para o nosso egoísmo. Morrer para a nossa avareza. Morrer para tudo aquilo que seja obstáculo à nossa plena realização como seres humanos. Esse "morrer" é uma conversão.

Normalmente, usamos a palavra "conversão" para explicar que alguém passou a frequentar uma religião diferente da que seguia ou que deixou de ser ateu e começou a acreditar num Ser supremo. Existe, porém, outro significado para "conversão", que é quando alguém toma a decisão de caminhar melhor neste mundo. Converter-se, então, é "morrer" para as coisas passadas e "nascer" para uma nova vida.

Este novo nascimento se faz notar em pequenas e em grandes coisas. A pessoa convertida morre para velhos hábitos, que não contribuíam nem para a sua felicidade nem para a dos outros. Converter-se é abandonar o hábito de mentir, invejar, trair e tantos outros vícios que destroem a imagem de Deus em nós.

Ao mesmo tempo que "morre" para os vícios, a pessoa convertida passa a "existir" num outro plano, adotando uma conduta coerente com a vida projetada por Deus para Seus filhos. Se nós nos convertemos, fazemos viver em nós uma série de virtudes: a sinceridade, o senso de justiça, a temperança, a solidariedade etc.

Essa conversão não é linear. Ou seja, mesmo depois de termos optado por uma vida ética, teremos momentos de fraqueza e hesitação. A "morte" é uma ameaça constante, e por essa razão precisamos nos conectar à Vida.

Pior do que ter medo da morte é ter medo da Vida. Mais uma vez recorremos à letra maiúscula. Este "V" maiúsculo é a vitória que Deus ambiciona alcançar em nossa vida. Jesus se apresentou não apenas como a Verdade, mas também como a Vida e o Caminho, e é deste Jesus que não podemos ter medo. Não devemos nos desviar desse Caminho nem fugir dessa Vida.

Deus nos propõe uma vida ressuscitada. Jesus ressuscitou dentre os mortos, o que significa que nós estamos chamados a seguir seus passos. A vida eterna é cheia de intensidade e desafios. Que qualidades tem a vida de uma pessoa que se prepara para a vida eterna?

Uma dessas qualidades é não desprezar o seu corpo. O Cristianismo, ao contrário do que alguns dizem, não trabalha contra ele. O nosso corpo foi concebido e criado por Deus para participar das alegrias do espírito. Jesus é Deus feito carne. Jesus gostava de tomar as refeições com seus amigos. Bebia vinho e ria com eles. Participava de todas as festas religiosas e civis. Vivia integralmente a natureza humana, exceto no pecado.

O corpo não é mau. Um pensamento religioso equilibrado sabe perceber que, quando erramos, não foi o corpo, mas sim o nosso espírito quem decidiu errar. Os anjos que se rebelaram contra Deus não têm corpo.

Outra qualidade de Jesus, uma de suas atitudes mais comoventes, era não se deixar vencer pela tristeza. Mesmo sabendo por antecipação que iria sofrer uma morte cruel, quando ainda seria muito jovem (com cerca de 30 anos), não permitiu que esta certeza jogasse uma sombra sobre a sua vida. Mesmo tendo motivos de sobra para ficar preocupado e angustiado com seu destino terreno, Ele foi vivendo dia a dia, mergulhado na Vida de Deus, colocando ocupações no lugar das preocupações. Isto é saber viver com sabedoria: saborear cada minuto e cada oportunidade que Deus concede antes de nos chamar para a eternidade.

Viver seguindo o exemplo de Jesus ressuscitado é aproveitar cada hora do dia com intensidade. Se alguém precisa de sua ajuda, não se negue a conceder. Se uma pessoa pede que você a acompanhe a uma consulta médica, quebre a sua rotina e vá com ela. Quando alguém solicitar um "minutinho" de sua atenção, dê um pouco mais, colocando em prática este ensinamento: "Se alguém te forçar a acompanhá-lo por um quilômetro, caminha dois com ele! Dá a quem te pedir, e não vires as costas a quem te pede emprestado" (Mateus 5: 41-42). Enfim, viver a Vida é transformar o medo da morte numa esperança de eternidade. Comece a viver como um ser ressuscitado. Faça escolhas que valorizem sua inteligência, sua saúde e seus talentos. Não dê ouvidos à mediocridade, mas procure a excelência em tudo o que você fizer. Quando for participar de uma reunião na empresa, prepare-se para ela como se fosse a sua última reunião. Quando for passear com a família, imagine que possa ser a última vez, e então se dedique ao máximo para que esse passeio seja inesquecível.

E seja assim em tudo! Viva a Vida. Este é o novo nascimento que Deus nos pede, um nascimento espiritual que nos abre as portas da eternidade.

Francisco e a irmã morte

Já muito doente, à beira da morte, Francisco de Assis foi visitado por um médico amigo seu. Assim que o viu, Francisco lhe perguntou: "Diga-me qual é o seu parecer sobre a minha doença." O médico respondeu--lhe: "Irmão, tudo correrá bem com a graça de Deus."

Insatisfeito com a evasiva, Francisco lhe perguntou novamente: "Diga-me a verdade. Que lhe parece? Não tenha receio de dizer a verdade, não sou um covarde para temer a morte. Pela graça do Espírito Santo, estou tão unido ao meu Senhor que me sinto contente com a vida ou com a morte."

O médico disse então, com toda a clareza: "Francisco, segundo a medicina, sua doença é incurável e penso que você morrerá em fins de setembro ou nos primeiros dias de outubro."

Então, deitado em seu leito, Francisco ergueu as mãos ao Senhor e, com grande alegria de corpo e de espírito, exclamou: "Bem-vinda seja a minha irmã morte!"

XVIII

É esquecendo de mim que eu me encontro (o verso omitido)

Não foi por casualidade que este verso, presente no texto original da Oração de São Francisco, perdeu-se com o passar do tempo. Na verdade, é uma ironia da história da oração que a frase referente ao esquecimento de si próprio tenha sido esquecida desde as primeiras traduções e transcrições. Uma ironia e um alerta. Podemos realmente perder de vista o quanto é importante nos esquecermos de nós mesmos se quisermos ser instrumentos da paz.

O autoesquecimento pode ser nocivo, se for uma fuga. Quando alguém se esquece de si mesmo no excesso do trabalho, por exemplo, tem medo, talvez, de encarar algum antigo problema que ainda não foi devidamente equacionado. Nesse caso, convém que a pessoa saia desse limbo, dessa cortina de fumaça sobre sua alma, e reserve um tempo para ajustar as contas consigo mesma.

Além disso, o autoesquecimento acontece quando estamos dedicados a alguma coisa que vale a pena e absorve todo o nosso ser. Esquecemos a vida quando estamos lendo um livro fascinante, assistindo a um filme genial ou ouvindo músicas envolventes. Esquecemos a passagem do tempo quando estamos trabalhando com empenho, nos divertindo com nossos melhores amigos ou conversando intimamente com a pessoa amada. Nos esquecemos de nós mesmos quando estamos em oração profunda, contemplando as maravilhas de Deus.

Ao contrário do que poderia parecer, nos esquecer de nós mesmos não é algo que necessariamente nos diminui. Quando nos livramos do ego, entramos em êxtase, superamos as mesquinharias, e a nossa alma voa alto, expandindo-se para além do tempo e do espaço.

Entendendo agora que esquecer-se de si é, em geral, algo positivo, podemos interpretar corretamente as palavras de

Jesus quando dizia que quem entregasse a sua vida por amor iria recuperá-la:

> "Pois quem quiser salvar sua vida a perderá; e quem perder sua vida por causa de mim a encontrará." (Mateus 16: 25)

Por experiência própria, o homem-Deus sabia que tinha de superar a tentação da autoafirmação. Em combate contra o demônio, no deserto, Jesus foi desafiado a usar o poder de fazer milagres para matar a própria fome. Recusando-se a cair nessa armadilha do egoísmo, nos ensinou que todo poder deve ser usado em prol dos outros e não de nossos interesses.

Na hora da Cruz, a mesma coisa. Os que o entregaram à morte gritavam-lhe em tom zombeteiro: "Salva-te a ti mesmo, desça da cruz, se és realmente o Messias!", mas Jesus sabia que a Sua morte, aquela que parecia ser a derrota definitiva de todas as esperanças, era a única chance de salvar a humanidade. Era preciso entregar a Sua vida inocente para fazer o mundo renascer do pecado. Era necessário se esquecer de Si mesmo, para nos fazer lembrar que o mais importante é obedecer à Vontade do Pai.

Confie no amor de Deus

É da Vontade do Pai, por exemplo, que não nos preocupemos em excesso com a nossa vida. Um dos maiores tormentos do ser humano é não saber lidar com a insegurança do futuro. Ficar lembrando o tempo todo que vamos morrer um dia, que podemos ficar doentes a qualquer momento, que a nossa velhice vai chegar, que o desemprego é uma possibilidade real, que podemos perder tudo o que conquistamos, que coisas ruins podem nos acontecer... tudo isso nos leva a não nos esquecermos de nós mesmos.

Buscar com angústia certezas absolutas e seguranças infalíveis com relação ao que vai nos acontecer é querer "salvar" a nossa vida. A apreensão decorrente dessa atitude nos leva a uma contínua tensão interior. E isso é torturante.

Quanta ansiedade na mente e no coração daqueles que tentam prever tudo, que temem o que pode acontecer ao virarem a próxima esquina, que não conseguem descansar na paz de Deus. Muitas noites de insônia são devidas a essa preocupação excessiva com o dia seguinte. E quando o dia seguinte nasce, a pessoa que não dormiu encontra-se inquieta e cansada demais para aproveitar as oportunidades que a vida lhe reservou.

Diz um provérbio árabe que "a espera pela tortura é pior do que a própria tortura". Nós mesmos torturamos a nossa alma e o nosso corpo cozinhando a fogo lento pensamentos e prognósticos cheios de medo. Temos medo de que aconteçam coisas que ainda não aconteceram e que talvez nem aconteçam.

Quando o pior de fato não vem, nós já estamos esgotados e não restam forças para usufruir das coisas boas da vida ou mesmo para resolver as dificuldades que ninguém esperava que viessem. Desperdiçamos dias e noites que poderiam ter sido maravilhosos, imaginando que Deus nos abandonou e que o destino seria implacável e cruel conosco.

Se tal nível de preocupação resolvesse os nossos problemas, seria ótimo, não é? Imagine se você, tomando novas doses de veneno, conseguisse anular o mesmo veneno que tomou antes. Porém preocupar-se dia e noite só produz uma coisa: mais e mais preocupações!

Confiar no amor de Deus é a melhor forma de viver o presente com intensidade e lidar com o futuro. É o melhor modo de encontrar a própria identidade de ser humano e de filho amado de Deus. Façamos a nossa parte, aprendamos com o passado, sejamos prudentes, mas sobretudo tenhamos uma fé de crianças espirituais que se abandonam nas mãos do Pai. Ele cuida e cuidará de tudo. Como diz a sabedoria popular, o futuro realmente a Deus pertence.

Encontre-se em Deus

Caminhando pelos campos e conversando descontraidamente com os Seus discípulos, Jesus nos comparou aos lírios do campo e aos pássaros do céu. Queria que nós entendêssemos que Deus está sempre providenciando tudo e cuidando de nossa existência. O rei Salomão, que se vestia de modo magnífico, não chegava a atingir o grau das belezas naturais. As pessoas andam sempre muito preocupadas, então precisam descansar a mente, pois o Pai já sabe muito bem que temos de nos alimentar, nos vestir, cuidar da família, trabalhar etc. E Jesus concluía:

> "Não vos preocupeis com o dia de amanhã, pois o dia de amanhã terá sua própria preocupação! A cada dia basta o seu mal." (Mateus 6: 34)

Temos de lutar pelo pão de cada dia (e pedir por ele como fazemos no pai-nosso) e de lidar com os problemas cotidianos, pondo em ação nossas melhores capacidades. Mais do que isso é querer carregar o mundo nas costas, tarefa humanamente impossível.

Experimente segurar uma pedra não muito pesada até a altura dos olhos. Mantenha o braço erguido, segurando a pedra, e não pare de olhar para ela. No primeiro minuto, segurá-la assim e olhar para ela não representará nenhum esforço. Se você continuar durante uma hora seguida nessa posição, sem desgrudar o olhar da pedra, sentirá um grande desconforto. E se por acaso conseguisse ficar assim ao longo de um dia inteiro, a pedra iria parecer pesar uma tonelada, e você sentiria cãibras terríveis.

A mesma coisa acontece quando queremos segurar o futuro em nossas mãos, olhar para os problemas o tempo todo, achando que com isso encontraremos a solução. A solução não virá, e o peso da vida se tornará insuportável. Imagine alguém segurando aquela pedra durante uma semana, um mês... ficaria louca de pedra!

Jesus nos pede que relaxemos: "Vinde a mim, todos vós que estais cansados e carregados de fardos, e eu vos darei descanso" (Mateus 11: 28). Não caia na tentação de se considerar capaz de tudo. Esqueça-se um pouco de si mesmo. Deixe que Jesus olhe para e por você. Esse olhar humano e divino do Mestre fará com que você descubra sua verdadeira identidade e sua verdadeira vocação.

Francisco confiava na providência divina

É conhecida a cena em que o jovem Francisco de Assis, recém-convertido, vence o medo que tinha do pai e se despe diante dele. Inteiramente nu, entregou-lhe as vestes, afirmando que a partir daquela hora passaria a dizer "Pai nosso que estais no Céu" e não mais "meu pai, Pietro di Bernardone". Foi uma ruptura dolorosa para ambos, que no entanto fazia parte de um plano maior traçado por Deus.

Com este gesto radical, Francisco marcava, no começo de sua caminhada de santidade, que era preciso confiar plenamente no Pai celeste.

A Oração de São Francisco que acompanhamos passo a passo nos mostra as atitudes que Deus deseja que pratiquemos uns com os outros, atitudes recomendadas no Evangelho e que forjaram a vida de Francisco de Assis. Melhor do que um longo tratado sobre ética ou teologia moral, estes versos curtos e incisivos nos levam a compreender que temos de ser corajosos e persistentes, antecipando-nos às dificuldades da vida com a força do Amor.

Mas o Amor nunca vem sozinho. Ao seu lado, caminham a fé e a esperança. Essas três virtudes que vêm do Alto revestem a existência humana de um novo sentido. A esperança nos ajuda a persistir no caminho e a fé ilumina esse caminho, para que andemos com rapidez, sem tropeçar.

O apóstolo Paulo nos explica em uma de suas cartas que a fé e a esperança são as virtudes dos caminhantes, dos peregrinos. Quando chegarmos ao nosso destino final, elas não serão mais necessárias, pois teremos o mais importante, o Amor. Então, agora é o momento certo de levarmos a fé e a esperança para todos aqueles que caminham conosco nas estradas do mundo rumo ao Céu.

Seríamos as mais infelizes das criaturas se a nossa passagem por este mundo fosse feita sem a busca por algo melhor e duradouro, pelo qual nosso espírito anseia. Carregamos dentro de nós uma promessa de felicidade plena, e o nosso coração não sossegará, como dizia Santo Agostinho, enquanto essa promessa não se cumprir.

A paz que almejamos é o prenúncio da Paz futura. Essa Paz maior, em comunhão com Deus-Pai, Deus-Filho e Deus-Espírito Santo, não será uma pasmaceira. As coisas de

Deus nunca estão destituídas de ação e emoção. Uma eternidade cheia de paz é algo muito distante de imagens estáticas, apáticas, sem vida. Basta seguir um raciocínio simples: se o mundo criado está cheio de diversidade, movimento, energia, cores e animação, obviamente a Causa de tudo isso, o Criador, tem em Si em grau infinito tudo isso e muito mais.

Deus gosta de surpresas e não fazemos a menor ideia da grande Festa que Ele nos prepara. Ele é o Pai que saboreia cada momento de espera, antes de mostrar todos os presentes que tem para os Seus filhos.

Os presentes que Ele quer nos dar de maneira abundante são justamente as coisas boas que Ele, agora, quer que nós levemos aos nossos irmãos. Deus confia em nossa capacidade de crescer, de fazer o melhor, ajudando-nos a participar de Sua Bondade.

Ele vai nos dar a Luz eterna, mas pede que, hoje, levemos a luz aos que estão nas trevas do medo. Então, você tem de ser luz para a sua família. Leve a luz para os seus amigos e colegas. Seja você, como Jesus pediu, luz para o mundo.

A Alegria eterna invadirá nosso ser. Então, comece a usufruir dessa promessa desde agora, levando momentos de conforto para quem se debate na tristeza. Não deixe de levar um sorriso e uma palavra compreensiva para todos.

Também nos foi prometida a União com todos os santos e santas de Deus, isto é, com todas as pessoas de todos os tempos que procuraram sinceramente a verdade e fizeram todo o bem que podiam. Essa união começa aqui, com você. Não se isole das pessoas. Vá ao encontro delas. Enfatize mais os pontos em comum do que as divergências. Seja uma pessoa unitiva, capaz de desarmar os espíritos e promover a colaboração.

Na Casa do Pai, veremos quantas vezes o Perdão de Deus nos ajudou a retomar o caminho. Aprenda a perdoar, aqui e agora. Faça uma lista de todas as ofensas que não saem de sua memória, de todas as mágoas que ainda continuam doendo. Mergulhe essa lista nas águas perfumadas do perdão, para diluir toda forma de ressentimento e sentir-se livre no Amor.

Jesus é a Verdade, ontem, hoje e sempre. Ele fez de Francisco de Assis e de tantos homens e mulheres verdadeiros construtores da paz. Não há paz no meio da mentira e dos erros que se baseiam na mentira. Leve a Verdade aonde quer que você vá.

E que os anjos nos acompanhem sempre, nos ajudando a transformar nossas melhores intenções em ações concretas e cotidianas!

Fonte AMALIA
Papel PÓLEN SOFT 80g/m²
Impressão IMPRENSA DA FÉ